"十四五"时期国家重点出版物出版专项规划项目
现代土木工程精品系列图书
泰山学者工程资助项目(NO. tstp20231240)

高速公路改扩建路基窄幅拼宽设计与施工技术

王昊 王林 郭建民 韦金城 编著

哈尔滨工业大学出版社

内 容 简 介

本书结合作者近年来最新研究成果撰写,依托京台高速改扩建济南至泰安段实体工程,系统介绍了国内外高速公路改扩建路基路面拼接设计发展历程,讲述了山东省高速公路改扩建技术成果与工程实践经验;重点论述了高速公路改扩建单车道拓宽所涉及的路基差异沉降控制、稳定性保持技术、路面拼接技术;详细阐述了空间受限条件下高速公路改扩建路基路面施工工艺等关键技术,可对类似的工程设计与施工提供参考。

本书可供从事高速公路设计与施工工作的技术人员使用,也可供高等院校相关专业师生教学参考。

图书在版编目(CIP)数据

高速公路改扩建路基窄幅拼宽设计与施工技术 / 王昊等编著. —哈尔滨:哈尔滨工业大学出版社,2025.5. —ISBN 978-7-5767-1623-8

Ⅰ.U418.8

中国国家版本馆 CIP 数据核字第 2024H2U305 号

策划编辑	王桂芝
责任编辑	张永芹　李长波
出版发行	哈尔滨工业大学出版社
社　　址	哈尔滨市南岗区复华四道街 10 号　邮编 150006
传　　真	0451-86414749
网　　址	http://hitpress.hit.edu.cn
印　　刷	哈尔滨起源印务有限公司
开　　本	787 mm×1 092 mm　1/16　印张 12　字数 267 千字
版　　次	2025 年 5 月第 1 版　2025 年 5 月第 1 次印刷
书　　号	ISBN 978-7-5767-1623-8
定　　价	78.00 元

(如因印装质量问题影响阅读,我社负责调换)

编 委 会

主任委员　王　昊　王　林　郭建民　韦金城
委　　员　孙承吉　李玉鑫　马士杰　李征泉
　　　　　徐希忠　刘　航　张晓萌　宋晓辉
　　　　　徐飞萍　胡家波　李　兵　季正军
　　　　　康　良　杨永富　魏　琨　时文成
　　　　　夏　雨　王玉飞　张　宸　刘　杰
　　　　　陈　晓　吴文娟　王　冲　席兴华
　　　　　崔世萍　刘古存　尹　韬　刘　姗

前　言

近年来，为了满足社会经济发展需求以及随着国家在基础建设上的大力投入，我国高速公路建设事业得到了迅猛的发展。截至 2023 年底，我国高速公路通车总里程已超过 18 万千米。我国以高速公路为主的路网主干线系统建成以后，有效地缓解了交通运输紧张局面，在一定程度上改善了我国的综合运输结构，提高了交通运输效率。

由于技术水平和资金等原因，我国早期修建的高速公路建设水平较低，如今我国汽车保有量随着社会经济的飞速发展显著增加，特别是在一些经济水平比较发达的地区，高速公路早已不堪重负。从而造成严重的交通阻塞，带来了许多交通安全隐患，使得高速公路高速、畅通、快捷的服务优势得不到有效发挥，越来越多的高速公路亟待进行改扩建。

在占地受限或远景交通量不大的高速公路中，对部分路段进行了单车道拼宽改建，属于窄幅拼宽工程领域，如本书研究依托的京台高速改扩建工程济南至泰安段，是全国首条"六改八"改扩建工程，属于典型的窄幅拼宽工程。

本书依托京台高速改扩建工程济南至泰安段，开展了高速公路改扩建窄幅拓宽工程关键技术研究，主要包括窄幅拼宽差异沉降控制、泡沫轻质土及综合固废流态化回填材料、桩板式路基等新技术、新材料、新工艺的应用。本书具有较强的先进性和可操作性，可为高速公路改扩建路基窄幅拼宽工程提供技术参考和数据支持。

由于编者水平有限，书中疏漏及不足之处在所难免，请广大读者批评指正。

编　者
2024 年 6 月

目 录

第1章 绪论 ·· 1
  1.1 研究背景及意义 ·· 1
  1.2 国内外研究现状 ·· 2
    1.2.1 改扩建工程路面结构设计 ··· 2
    1.2.2 典型的新旧路面拼接结构 ··· 3
    1.2.3 高速公路改扩建新旧路基处治技术研究现状 ······················ 9
    1.2.4 硬路肩设计研究现状 ··· 11
    1.2.5 新旧路面结构排水抗裂拼接 ·· 12
    1.2.6 高速公路改扩建路基加宽研究现状 ······························· 14
  1.3 研究内容 ·· 16

第2章 高速公路改扩建路基窄幅拼宽路基差异沉降标准及控制措施 ······ 17
  2.1 新旧路基差异沉降原因分析 ··· 17
    2.1.1 路基不均匀沉降分析 ··· 17
    2.1.2 路基浸水对不均匀沉降的影响分析 ······························· 18
    2.1.3 新旧路基结合强度不足 ··· 19
    2.1.4 新旧路基作用下地基的固结沉降 ·································· 20
    2.1.5 台阶开挖 ·· 20
  2.2 基于路面结构附加应力的窄幅拼接路基差异沉降控制 ·············· 20
    2.2.1 工程简介 ·· 21
    2.2.2 原有公路状况存在的问题及工程特点 ···························· 21
    2.2.3 有限元模型的建立 ··· 23
    2.2.4 路基差异沉降对路面附加应力的影响 ···························· 24
    2.2.5 路基差异沉降分级标准 ··· 29
    2.2.6 路基差异沉降控制技术体系 ·· 30
  2.3 本章小结 ·· 33

第3章 泡沫轻质土在窄幅拼宽路基中的应用 ··································· 34
  3.1 概述 ·· 34
  3.2 泡沫轻质土的特点 ··· 35
  3.3 泡沫轻质土的性质及影响因素分析 ···································· 36
    3.3.1 容重 ··· 36
    3.3.2 流动性 ·· 38
    3.3.3 无侧限抗压强度 ··· 38

3.4 粉质黏土基泡沫轻质土材料设计及物理力学性能试验检测 ⋯⋯⋯ 39
　　3.4.1 基本材料 ⋯⋯⋯⋯⋯⋯⋯⋯⋯⋯⋯⋯⋯⋯⋯⋯⋯⋯⋯⋯⋯⋯⋯⋯ 39
　　3.4.2 设计流程与步骤 ⋯⋯⋯⋯⋯⋯⋯⋯⋯⋯⋯⋯⋯⋯⋯⋯⋯⋯⋯⋯ 41
　　3.4.3 试件制备及养护 ⋯⋯⋯⋯⋯⋯⋯⋯⋯⋯⋯⋯⋯⋯⋯⋯⋯⋯⋯⋯ 43
　　3.4.4 力学性能测试 ⋯⋯⋯⋯⋯⋯⋯⋯⋯⋯⋯⋯⋯⋯⋯⋯⋯⋯⋯⋯⋯ 44
3.5 泡沫轻质土窄幅拼接路基设计 ⋯⋯⋯⋯⋯⋯⋯⋯⋯⋯⋯⋯⋯⋯⋯⋯⋯ 50
　　3.5.1 一般规定 ⋯⋯⋯⋯⋯⋯⋯⋯⋯⋯⋯⋯⋯⋯⋯⋯⋯⋯⋯⋯⋯⋯⋯ 50
　　3.5.2 泡沫轻质土路基设计 ⋯⋯⋯⋯⋯⋯⋯⋯⋯⋯⋯⋯⋯⋯⋯⋯⋯⋯ 51
　　3.5.3 构造设计 ⋯⋯⋯⋯⋯⋯⋯⋯⋯⋯⋯⋯⋯⋯⋯⋯⋯⋯⋯⋯⋯⋯⋯ 55
　　3.5.4 泡沫轻质土附属结构设计 ⋯⋯⋯⋯⋯⋯⋯⋯⋯⋯⋯⋯⋯⋯⋯⋯ 55
3.6 泡沫轻质土用于窄幅拼接数值模拟 ⋯⋯⋯⋯⋯⋯⋯⋯⋯⋯⋯⋯⋯⋯⋯ 58
　　3.6.1 泡沫轻质土道路工程应用原理 ⋯⋯⋯⋯⋯⋯⋯⋯⋯⋯⋯⋯⋯⋯ 58
　　3.6.2 京台高速改扩建济南至泰安段泡沫轻质土路基设计概况 ⋯⋯⋯⋯ 61
　　3.6.3 轻质土用于高速公路改扩建窄幅拼宽设计数值模拟 ⋯⋯⋯⋯⋯⋯ 64
3.7 泡沫轻质土路基施工工艺及质量控制 ⋯⋯⋯⋯⋯⋯⋯⋯⋯⋯⋯⋯⋯⋯ 71
　　3.7.1 施工准备 ⋯⋯⋯⋯⋯⋯⋯⋯⋯⋯⋯⋯⋯⋯⋯⋯⋯⋯⋯⋯⋯⋯⋯ 71
　　3.7.2 施工工艺流程 ⋯⋯⋯⋯⋯⋯⋯⋯⋯⋯⋯⋯⋯⋯⋯⋯⋯⋯⋯⋯⋯ 73
　　3.7.3 施工要点 ⋯⋯⋯⋯⋯⋯⋯⋯⋯⋯⋯⋯⋯⋯⋯⋯⋯⋯⋯⋯⋯⋯⋯ 74
　　3.7.4 泡沫轻质土路基施工质量控制 ⋯⋯⋯⋯⋯⋯⋯⋯⋯⋯⋯⋯⋯⋯ 77
3.8 本章小结 ⋯⋯⋯⋯⋯⋯⋯⋯⋯⋯⋯⋯⋯⋯⋯⋯⋯⋯⋯⋯⋯⋯⋯⋯⋯⋯ 80

第4章 高速公路改扩建多源固废流态化回填窄幅拼宽技术研究 ⋯⋯⋯⋯⋯ 81
4.1 概述 ⋯⋯⋯⋯⋯⋯⋯⋯⋯⋯⋯⋯⋯⋯⋯⋯⋯⋯⋯⋯⋯⋯⋯⋯⋯⋯⋯⋯ 81
4.2 固体工业废弃料的基本性质 ⋯⋯⋯⋯⋯⋯⋯⋯⋯⋯⋯⋯⋯⋯⋯⋯⋯⋯ 82
　　4.2.1 烧结法赤泥基本性质 ⋯⋯⋯⋯⋯⋯⋯⋯⋯⋯⋯⋯⋯⋯⋯⋯⋯⋯ 82
　　4.2.2 生物质灰渣基本性质 ⋯⋯⋯⋯⋯⋯⋯⋯⋯⋯⋯⋯⋯⋯⋯⋯⋯⋯ 87
4.3 多源固废流态化回填材料配合比设计及性能评价 ⋯⋯⋯⋯⋯⋯⋯⋯⋯ 94
　　4.3.1 烧结法赤泥流态化回填材料设计 ⋯⋯⋯⋯⋯⋯⋯⋯⋯⋯⋯⋯⋯ 94
　　4.3.2 烧结法赤泥流态化回填材料性能评价 ⋯⋯⋯⋯⋯⋯⋯⋯⋯⋯⋯ 94
　　4.3.3 生物质灰渣流态化回填材料设计与性能评价 ⋯⋯⋯⋯⋯⋯⋯⋯ 99
4.4 多源固废流态化回填材料固化机理及施工控制 ⋯⋯⋯⋯⋯⋯⋯⋯⋯⋯ 110
　　4.4.1 烧结法赤泥流态化回填材料固化机理 ⋯⋯⋯⋯⋯⋯⋯⋯⋯⋯⋯ 110
　　4.4.2 烧结法赤泥流态化回填材料施工工艺 ⋯⋯⋯⋯⋯⋯⋯⋯⋯⋯⋯ 112
4.5 本章小结 ⋯⋯⋯⋯⋯⋯⋯⋯⋯⋯⋯⋯⋯⋯⋯⋯⋯⋯⋯⋯⋯⋯⋯⋯⋯⋯ 113

第5章 高速公路改扩建桩板式路基窄幅拼接力学性能分析及优化 ⋯⋯⋯⋯ 115
5.1 概述 ⋯⋯⋯⋯⋯⋯⋯⋯⋯⋯⋯⋯⋯⋯⋯⋯⋯⋯⋯⋯⋯⋯⋯⋯⋯⋯⋯⋯ 115
5.2 桩板式路基发展概况 ⋯⋯⋯⋯⋯⋯⋯⋯⋯⋯⋯⋯⋯⋯⋯⋯⋯⋯⋯⋯⋯ 116
5.3 桩板式路基分类与设计 ⋯⋯⋯⋯⋯⋯⋯⋯⋯⋯⋯⋯⋯⋯⋯⋯⋯⋯⋯⋯ 117

5.3.1 桩板式结构分类 ………………………………………………………… 117
　　5.3.2 桩板式路基结构设计 ……………………………………………………… 120
5.4 桩板式路基用于窄幅拼接数值模拟 ………………………………………………… 122
　　5.4.1 工程设计概况 ……………………………………………………………… 122
　　5.4.2 桩板式路基结构有限元建模与分析 ……………………………………… 127
　　5.4.3 桩板式路基结构受力特性分析 …………………………………………… 143
　　5.4.4 基于正交试验的桩板式路基参数优化研究 ……………………………… 153
5.5 桩板式路基施工主要材料及性能要求 ……………………………………………… 158
　　5.5.1 原材料要求 ………………………………………………………………… 158
　　5.5.2 混凝土材料要求 …………………………………………………………… 158
　　5.5.3 伸缩缝材料 ………………………………………………………………… 159
　　5.5.4 自流平材料 ………………………………………………………………… 160
　　5.5.5 高弹改性聚合物矩形垫块（过渡墩垫片） ………………………………… 161
　　5.5.6 高模量改性聚合物圆环垫片、改性聚合物弹性垫片及黏结胶 …………… 162
　　5.5.7 工厂预制及施工 …………………………………………………………… 162
5.6 桩板式路基施工 ……………………………………………………………………… 166
　　5.6.1 施工技术准备 ……………………………………………………………… 166
　　5.6.2 扩大基础施工 ……………………………………………………………… 169
　　5.6.3 桩板式路基桩基施工 ……………………………………………………… 170
　　5.6.4 桥面板吊运、安装 ………………………………………………………… 172
　　5.6.5 桩帽施工 …………………………………………………………………… 175
　　5.6.6 预制板吊装安装 …………………………………………………………… 175
　　5.6.7 桩板连接 …………………………………………………………………… 176
　　5.6.8 现浇段浇筑 ………………………………………………………………… 176
　　5.6.9 技术措施 …………………………………………………………………… 177
　　5.6.10 湿接缝（D板）施工要点 …………………………………………………… 177
5.7 本章小结 ……………………………………………………………………………… 178
参考文献 …………………………………………………………………………………… 179

第 1 章 绪 论

1.1 研究背景及意义

高速公路是社会经济发展的重要基础设施,是衡量一个国家公路交通运输和汽车工业现代化水平的重要标志。高速公路在运输能力、速度和安全性方面具有突出优势,对实现均衡开发、缩小地区差别、建立统一的市场经济体系、提高现代物流效率具有重要作用。我国高速公路建设起步晚但发展迅速,截至 2023 年底通车里程已经超过 18 万千米,居世界第一位。近年来随着国家社会经济的发展,很多早期修建的高速公路为双向四车道,已无法满足日益增长的交通需求,实际承载交通量已远超其设计能力,道路饱和、拥堵、服务水平下降,甚至交通事故频发等问题日益凸显。因此,大规模的高速公路改扩建已迫在眉睫,部分高速公路如京台高速、沪杭甬高速、连霍高速、京港澳高速等已陆续进行了改扩建。

在高速公路改扩建过程中,由于部分高速公路工程远景交通量不大,采用了单车道扩宽(四改六或六改八),属于窄幅拓宽拼接,如京台高速济南至泰安段高速公路,存在征地受限且沿线地质复杂的问题,所以采取高速公路窄幅拼接方式。窄幅拼接在路基路面拼接方式、施工工艺、新旧路基差异沉降与控制等方面与一般改扩建工程存在较大差别,需进行专项研究。

(1)高速公路路基路面拼宽方式的选择。
(2)窄幅拼接路基差异沉降与控制。
(3)单车道扩宽下窄幅拼接施工工艺。
(4)窄幅拼接施工质量控制。
(5)硬路肩合理差异化设计。
(6)硬路肩差异化设计施工。

因此,本书针对上述问题,对高速公路改扩建窄幅拼接拓宽方式、窄幅拼接设计、路基填料设计与性能分析、路面材料设计与性能评价、窄幅拼接施工工艺优化、施工质量检测与评价等方面进行了研究,旨在形成高速公路窄幅拼接设计与施工技术质量体系,为施工技术提供指导,为工程设计方案的制定提供科学依据。

1.2 国内外研究现状

1.2.1 改扩建工程路面结构设计

沥青路面结构设计的功能和作用有两个方面,一方面是路面结构设计需满足设计年限内的交通荷载的作用;另一方面是满足当地的自然气候条件的要求,其长期使用性能的获得需要通过设计、施工和养护得以实现。

目前国外对路面建筑材料与路面结构使用性能的研究一般通过以下三个技术手段来实现:①室内材料力学参数与性能试验;②足尺路面加速加载试验手段;③路面长期性能观测研究(long term performance program,LTPP)。

但是,由于室内试验方法、试验条件与实际的交通荷载条件、气候条件有很大区别,因此室内材料力学与性能试验只能解决材料的适应性问题,无法全面表征材料的实际路用性能,在此基础上,室内、野外模型试验得到发展,而足尺路面性能加速加载试验则在20世纪60~80年代成为一种重要的试验验证技术手段。

目前国外拥有加速加载试验设备的国家和组织约有18个,路面加速加载设备共约35台。其中美国有13台,日本3台,英国和瑞典各2台,拥有1台的国家有澳大利亚、德国、法国、加拿大、新西兰、西班牙、南非、芬兰、意大利、罗马尼亚、墨西哥、韩国等。

国外最早开展路面长期性能观测试验研究的是英国,英国在20世纪60年代曾在当时英国的主要道路上选择了约400个试验路段进行长期性能观测,试验路设计采用了低于设计要求的路面结构,但没有控制实际的交通荷载,经过20多年的连续跟踪观测,取得了大量实用的研究成果,对英国常用的典型路面结构形式的应用产生了重要的影响。

美国国会拨出1.5亿美元进行美国公路战略研究(SHRP),其中沥青路面课题研究耗资5 000万美元,旨在制定一个新的沥青和沥青混合料规范、试验和设计方法;路面长期性能观测研究作为SHRP的一个组成部分,目的是弄清为什么有的公路性能好于别的公路(同类型之间、不同类型间),LTPP是一个全面的、针对服务中公路进行的为期20年的研究,是一系列的、严格的、长期的现场试验。

为了更好地适应我国的交通条件、气候条件以及修建技术水平较低的状况,从1960年开始,在交通部的组织下,由部属院所牵头在全国20多个省区开展了大量的路况调查,建立了沥青路面结构临界使用状态与累计交通量的关系,并在1978年建立了适应我国当时条件的、以路面容许弯沉为设计指标的弹性双层体系设计理论和设计方法,形成了以薄沥青层+细粒料半刚性基层(或粒料基层)+弱路基强度的典型结构形式。

在我国已经有的加速加载设备中,大部分为模拟车轮荷载的加速加载设备,如交通运输部科学研究院及辽宁省交通科学研究院有限责任公司等单位的加速加载设备。这种设备的优点是可较为真实地模拟车辆荷载对路面结构的作用,缺点是加载速度慢、力学模式复杂、性能模型主要基于经验。而山东省交通科学研究院采用的大型多点损伤路面加速

第 1 章 绪 论

加载试验系统则克服了上述缺点,加载速度快、力学模式简单,容易实现对不同路面结构的长期性能验证,并形成与力学指标密切关联的路面结构性能模型。

在过去的近 50 年中,在全国性的路面研究项目以及各省区的研究项目中,通过修建试验路的方法,开展了大量室内和室外力学性能与使用性能关系的研究,这些试验路一方面用于施工工艺的研究,另一方面也应用于长期使用性能的观测研究,但由于时间和资金的问题,这些试验路大部分都局限在短时期的观测研究,连续跟踪观测研究很少坚持下去,不仅加深不了对路面结构设计与使用性能的认识,而且还出现了根据短期的、局部的经验扩展应用的问题。

1.2.2 典型的新旧路面拼接结构

在高速公路改扩建工程中,新旧路面结构的衔接是一个关键的工程技术问题。由于旧路面结构与新路面结构的性质差异很大,二者衔接时,不同的路面结构性质将会导致结合部产生非协调变形,在路基差异沉降作用下,使路面结构产生纵向裂缝。目前我国已完成的高速公路改扩建工程中,仅广佛和杭甬高速进行了路面结构处理,如进行旧路面结构开挖台阶、挖除硬路肩、路面与路基之间铺设土工格栅等。但这些处理方法随意性较大,缺乏相应的理论分析与试验支持,也缺乏对相关影响参数的分析。关于新旧路基面层数量、厚度和模量的相互影响,加筋、衔接方法的影响等都有待进一步的研究。

柯文豪等通过 ABAQUS 有限元软件分析了不同搭接宽度的路面力学响应,提出路面层进行搭接后与不进行搭接相比层间最大拉应力、剪应力显著减小,设置台阶搭接时,最大拉应力随搭接宽度增大而略微增大,应力分布随搭接宽度增大而变得越来越均匀,最大剪应力随搭接宽度增大而逐渐减小,搭接宽度大于 120 cm 时剪应力基本不再变化。

马晓辉采用有限元方法,分析新旧路面各个结构层模量差异对拼接部位受力状态的影响,在新旧路面结构中,新旧面层、新旧基层的模量差异对拼接部位的受力有着显著的影响,当保留旧面层和旧基层时应确保其具有足够的剩余强度。建议新旧面层、新旧基层的模量差异应不超过 30%,以防止路面剪切破坏。

马晓辉通过建立新旧路面拼接结构的三维有限元模型,分析不同台阶尺寸时荷载作用下拼接处的力学响应,以确定合理的拼接台阶尺寸,包括面层拼接台阶及基层拼接台阶,提出面层拼接台阶的宽度大于 20 cm 即可,基层台阶宽度宜为 40~60 cm。

新旧路面拼接的协调设计以及施工技术是保证高速公路加宽改建工程建设质量的关键。影响拼接质量的因素主要有拼接宽度和高度,拼接高度一般为新建路面结构层厚度,所以新旧路面拼接宽度是路面拼接的主要控制指标。

郭涛在京沪高速莱芜至鲁苏界段改扩建工程研究中,利用有限元计算软件,在新路结构拼接缝边缘施加双轮荷载,通过计算各层不同拼接宽度下拼接面剪切应力、面层基层接触部位剪应力及面层顶部变形,在考虑施工因素的基础上,提出了各结构层拼接宽度的建议值,如图 1.1 所示。

马俊在沪宁高速上海至无锡段改扩建工程中,采用沥青路面热拼接施工工艺、控制高

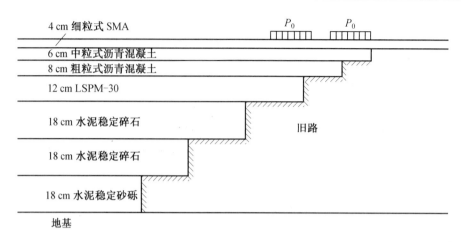

图 1.1 京沪高速莱芜至鲁苏界段改扩建工程路面拼接结构方案

质量施工等方法,结合沪宁扩建施工中路面拼接施工实践,证明了新旧沥青路面热拼接方式施工的优势。

同济大学、东南大学等于 2003 年 6 月联合开展了"沪宁高速公路扩建工程沥青路面结构应用研究"课题,提出了相对于传统 16 cm 沥青混凝土面层+36 cm 水稳碎石基层的半刚性基层沥青路面,采用 20 cm 面层+40 cm 水稳碎石基层的增厚式结构;全线采用 Superpave 中、下面层和 SMA 上面层,充分考虑优化路面结构及材料,旨在结合沪宁高速公路扩建工程,借鉴已有研究成果,研究发展适应我国国情的重载耐久沥青路面结构,如图 1.2 所示。

张婷依托京港澳高速公路石家庄至磁县段改扩建工程,借助有限元软件分析了不同搭接宽度的路面力学响应以及变化荷载位置的路面力学响应,提出了将顶层接缝设置在第二车道及第三车道分隔线上,第一级台阶宽度为 180 cm,第二道接缝置于第三车道(重车道)中线上,第二级台阶宽度为 70 cm,接缝位置均避开了车道的轮迹带,如图 1.3 所示。

张腾针对西潼改扩建项目路基拼接施工中湿陷性黄土地基沉降特性及采取的不同施工工艺进行了研究,分析拓宽路基差异沉降机理,提出针对西潼高速公路路基差异沉降控制技术。

华中科技大学樊金山以京港澳高速公路京石段扩建工程作为研究对象,采用有限元法对拓宽路基沥青路面结构受力与拼接进行了计算仿真,提出加铺层和面层拼接处剪应力比不设搭接时明显减少,搭接台阶使得新旧路面受力更加均匀,应力集中现象得到了缓解。当面层拼接缝距离拼接基准线达到 60 cm、基层拼接缝距离拼接基准线达到 30 cm 时,再增大该尺寸对克服拼接处拉应力和剪应力的效果不明显,再大的搭接台阶意味着铣刨量的增加。据此推荐基层搭接尺寸为 30 cm,面层搭接尺寸为 30 cm,如图 1.4 所示。

改性沥青 SMA-13	4 cm
改性沥青 Sup-20	8 cm
普通沥青 Sup-25	8 cm
普通沥青 LSM-25	20 cm
水泥稳定废料	20 cm
路基	

改性沥青 SMA-13	5 cm
改性沥青 Sup-20	8 cm
改性沥青 Sup-20	8 cm
普通沥青 Sup-25	8 cm
普通沥青 Sup-25	8 cm
级配碎石	11 cm
级配碎石	11 cm
干压回收废料	20 cm
石灰稳定土调高层	
路基	

改性沥青 SMA-13	4 cm
改性沥青 Sup-20	8 cm
70# 重交沥青 Sup-25	15 cm
水泥稳定碎石	36 cm
石灰土调高层	
路基	

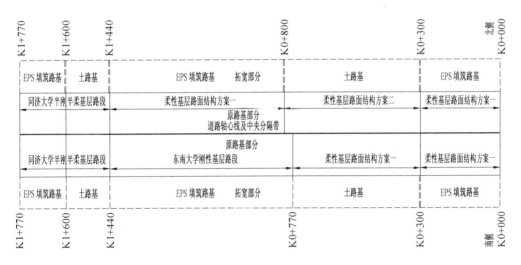

图 1.2 沪宁高速江苏段改扩建工程优化方案

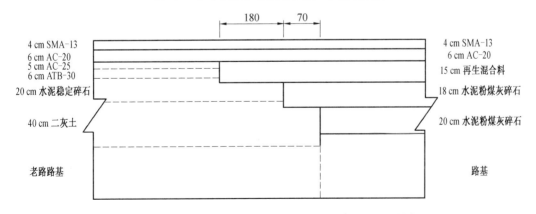

图 1.3 京港澳高速公路石家庄至磁县段改扩建工程路面结构图

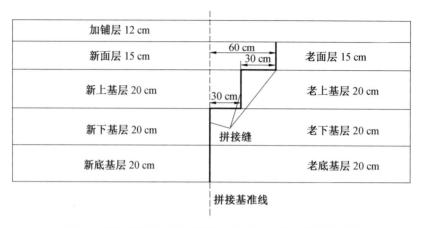

图 1.4 京港澳高速公路京石段改扩建工程路面拼接结构图

李悦依托京港澳高速公路改扩建工程,对改扩建交通分流车型、施工区通行能力、施工区分段等若干关键技术进行了研究。建立了通行能力修正模型,提出了高速公路最佳作业区长度方案,研究内容补充了高速公路改扩建实施过程中交通组织和保通安全等技术。

京港澳高速公路通过对原路面的结构及质量状况、新旧路面拼接缝的位置及台阶高度、宽度、数量等问题的研究,得出在渠化交通的状况下,一个车道内车轮迹线主要位于分道线以外 50～150 cm 范围内。提出了新旧路面结构优化方案,如图 1.3 所示。

长安大学张艳红等基于旧路三维裂缝的京津塘高速公路加铺层力学分析研究,利用大型有限元软件 ANSYS10.0 建立了基于旧路带有三维裂缝的加铺层计算力学模型,并模拟现有路面温度场环境,全面计算分析基于旧路带裂缝的加铺层路面结构在荷载、温度以及荷载与温度耦合作用下的力学响应规律。同时,分析了路面设计参数、环境条件及加载方式对加铺层力学响应的敏感性,并揭示了不同加载模式下旧路裂缝对于加铺层受力的影响规律,在一定程度上反映了加铺层中反射裂缝产生的原因。通过理论计算及综合分析,提出了基于旧路裂缝的京津塘高速公路加铺层设计方法,给出了京津塘高速公路改扩建加铺层典型路面结构。

连霍高速公路郑州段路面改扩建工程,针对原连霍高速公路郑州段路面状况,只切割复合路面沥青层 30 cm 宽,水泥板、水泥稳定碎石基层、水泥石灰稳定土底基层不再切除,采用 C15 补偿收缩混凝土,并在 10 cm 沥青混凝土面层下,沿原道路水泥混凝土板与水泥稳定碎石垂直接缝处纵向设置宽 40 cm 止水带。这样不但提高了原路面的利用率,而且对新旧路面的过渡及衔接舒适、变形适应性强,因此根据项目实际情况,提出适宜的旧路面改善方案,为其他项目路面改扩建提供参考。

祝书波针对珲乌高速公路吉林至龙嘉机场段改扩建工程,通过在接缝处采用热拼接技术新工艺,新旧沥青面层接缝处安装自粘式贴缝带、铺设玻纤格栅及自粘式精编聚酯玻纤布等措施,增强了沥青路面黏结、防渗、防裂等效果,取得了显著成效;提出了新建车道底基层拼接缝设置在第一、二车道标线向内 75 cm 处;下基层拼接缝设置在第一、二车道标线向内 25 cm 处；上基层拼接缝设置在第一、二车道标线分界处。新建车道 ATB-25 沥青下面层与旧路沥青面层拼接缝设置在第一、二车道之间分界线向外 50 cm 处，标高与旧路顶面标高齐平的结构优化方案。

京台高速公路小西冲至方兴大道段扩建工程，依据气候条件和交通荷载条件进行大粒径沥青稳定碎石路面结构组合设计和性能评价，修建试验路进行性能观测验证。设计路面结构组合如图 1.5 所示。

| 4 cm 改性沥青 SMA-13 |
| 6 cm 改性沥青 AC-20 |
| 6 cm 普通沥青 AC-20 |
| 10 cm 透水 LSPM-25（普通沥青） |
| 36 cm 水泥稳定碎石 |
| 15 cm 低剂量水泥稳定碎石 |
| 15 cm 排水型级配碎石 |
| 路基 |

图 1.5　京台高速路面结构

滨莱高速公路淄博西至莱芜段改扩建工程，主线采用两侧拼宽方式，其拼宽示意图如图 1.6 所示，新建 AC-25 与旧 AK-13 和 AK-15 拼接，新建沥青稳定碎石（LSPM-30 或 ATB-25）与旧 AK-20I、AK-25I 及二灰稳定碎石拼接，新建水泥稳定碎石基层与旧二灰稳定碎石和二灰土、水泥稳定碎石或水泥稳定风化料层拼接。拼接位置位于旧路第二行车道。

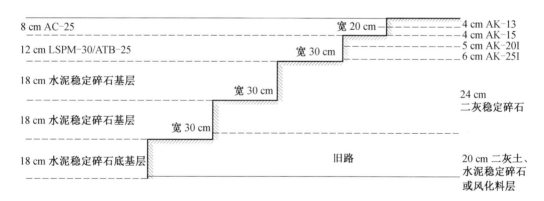

图 1.6　路基路面结构优化拼接方式

安新高速公路改扩建项目中，新旧路面原设计拼接方案为从旧路硬路肩标线（含标线）向外铣刨，沥青面层均铣刨掉，旧路防撞护栏内移至原标线处，铣刨三台，台阶宽度由上至下分别为 40 cm、20 cm、20 cm 形成错台，修建第四台阶时，采用切割机切割，详细铣刨拼接方案如图 1.7 所示。

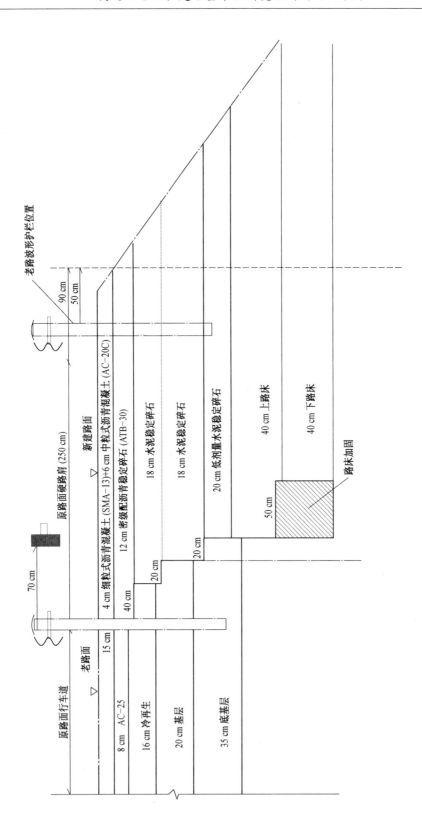

图 1.7 安新高速公路扩建原设计拼接方案

郑漯改扩建路面拼接方案如图 1.8 所示。旧路路面开挖时,于新、旧路搭接位置设置台阶,台阶从下而上设置于旧路水稳层顶部和旧路上基层顶部,台阶宽度分别为 55 cm 和 25 cm。

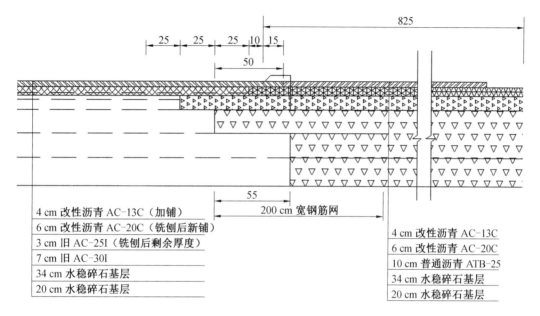

图 1.8 郑漯改扩建新、旧路路面拼接方案

随着经济快速发展,公路车流量迅速增长,原有公路通行能力不能满足社会需要,势必要进行拓宽改建。路面的拼接是目前改扩建工程的最大难点,也是质量控制的关键。传统的路面拼接方法都是采用与旧路相同的路面结构,没有考虑旧路结构内部排水问题和新旧路的变形协调问题。

我国现役沥青路面 90% 以上是半刚性基层路面结构,这种路面结构的优点是半刚性材料刚度大、板体性较好,缺点是半刚性材料容易产生干缩和温缩裂缝,其模量也随交通荷载作用不断衰减。半刚性基层沥青路面经过长年运营,自然降水通过路表、裂缝处或者中央分隔带渗入结构层间及内部,使结构内大量积水。采用传统拼接方法时,由于新铺半刚性材料非常致密,因此阻断了旧路结构水向外渗透的渠道,渗入结构内部的水难以排出,在行车荷载或冻融的反复作用下,路面结构很快出现开裂、唧浆、松散和坑槽等病害,特别是接缝处更容易出现开裂、唧浆病害,给行车安全带来严重威胁。另外,由于旧路半刚性基层模量已经大量衰减,与新路半刚性基层模量差别很大,因此采用相同结构势必造成弯沉和沉降不均匀、接缝处开裂及由此引起的一系列衍生病害。

1.2.3 高速公路改扩建新旧路基处治技术研究现状

国内外大量理论研究证明了新旧路基间差异沉降受诸多因素影响,如新旧地基路基力学指标差异、新旧路基结合部处理等。在理论研究的基础上,如何通过施工处治措施合理控制新旧路基间差异沉降,更好地保障改扩建工程施工质量引起了国内外学者的广泛关注。

美国某公路改扩建工程,由于道路沿线有长达几十千米的软土地基路段,该种土质强度较低且固结时间长,工后剩余沉降量大,为了在容许工期内保证改扩施工质量,该工程采取了多项措施以保证施工速度并合理控制工后新旧路基不协调变形,具体手段包括对原有软弱地基进行部分置换、采用轻质路堤填料、地基设置塑料排水板加速地基排水固结。

南澳洲某高速公路在进行改扩建时,出于环保考虑,对拓宽路基下的软弱地基进行了处理,对表层一定深度地基进行开挖掺加生石灰、固化剂等外加剂后回填压实,处治后的地基和路基各项指标均能够满足规范和标准要求。

除上述两国外,日本、荷兰、德国等各国也曾开展过高速公路改扩建工程,尤其以日本为主,日本高速公路发展与我国存在诸多相似之处。日本在采用复合地基法提高软土地基承载力、减小路基不均匀沉降等方面展开了研究,其研究结果对我国类似工程具有很好的借鉴意义。

目前,我国针对新旧路基差异沉降的处治措施主要可概括为从地基和路基两个角度出发。地基方面,通过各种地基处理方法来提高地基承载力,降低在拓宽路基附加荷载作用下的附加沉降;路基方面,通过边坡削坡台阶开挖、铺设土工合成材料、降低新路基填料容重、提高新路基变形模量等方式提高新旧路基整体性,减小路基部分的压缩沉降。

1. 地基处理技术

新建高速公路地基处理方法有很多,但在改扩建工程中,常采用的方法有低能强夯法、浅层换填法和复合地基法等方法。

吕伟华通过监测填筑期和运营期内桩顶和桩间不同位置处的土压力以及加筋材料的应力应变情况,总结得出了二维的土拱效应分布规律。

陈磊采用有限元软件分析了不同地基处理方式下地基沉降特性,认为采用复合地基法和排水固结法的手段,均可以有效减小新旧路基间差异沉降,但排水固结法对旧路影响较大。

杜浩针对某改扩建工程PHC管桩复合地基路段进行现场试验监测,试验结果表明,采用PHC复合地基可以大幅度减小拓宽路基沉降和差异沉降,且该种地基变形收敛快,工后沉降小,满足改扩建工程对工后沉降标准严格的特点。

刘松玉等认为提高施工速度、加快固结、缩短施工时间等手段对高速公路加宽工程的软基处理是很有帮助的,能在很大程度上减少施工时由于维持营运而产生的附加成本,并认为可以通过复合地基的方法较好地解决该类问题。施工中要采用动态观测和动态控制相结合,观测地基沉降及稳定情况,并保持一定的填筑速率。

2. 新旧路基搭接技术

新旧路基搭接技术主要包括旧路基削坡开挖台阶、铺设土工合成材料、路面加筋等。在新旧路基结合部开挖台阶可以有效增大新旧路基间的接触面,增大结合部的摩阻力和界面强度,提高新旧路基整体性,从而减小两者间的差异沉降。高翔通过分析不同台阶高度和宽度的处治效果,认为影响拼接效果的主要因素是台阶的宽度,并给出了高度为75～90 cm、高度为110～130 cm 的最优范围组合。

土工合成材料在拓宽工程中的应用主要可以概括为以下三个方面:

①将土工格栅铺设在新旧路基拼接处,提高新旧路基整体性,从而避免拼接处出现纵向裂缝;

②将土工格栅铺设于路面基层或底基层中,提高路面整体强度,减缓路面裂缝的开展;

③将土工格室铺设于复合地基垫层顶部,从而调节地基表面应力分布。

吴瑞麟利用 ADINA 有限元计算软件,结合武黄高速某路段,从变形和应力的角度对土工格栅处治新旧路基差异沉降的效果进行了分析,证明土工格栅对限制路基竖向沉降、侧向位移和基底表面的不均匀附加应力有显著的成效,并借助现场试验跟踪观测的手段,以实际观测结果对数值模拟进行了验证和修正。

张磊采用数值模拟的手段,研究了铺设土工格栅对新旧路基差异沉降的处治效果,并通过不同工况的对比分析,提出拓宽路基满铺、层间距1 m 的最佳铺设方案。

曲向进采用弹性薄膜单元对土工合成材料加筋作用进行模拟,通过分析在行车荷载作用和地基沉降变形引起的荷载作用下路面结构应力分布,并与现场实测数据进行了对比。

张功新通过理论分析,探究了土工格栅对路基稳定性和沉降变形的影响,认为随着服役年限的增加,土工格栅所发挥的作用逐渐减弱,路基稳定性逐渐降低。

3. 拓宽路基稳定性控制技术

改扩建工程中,在软土地基上进行拓宽应注意新路基的稳定性不足问题。当地基存在较厚的软土层时,由于软土地基抗剪强度低、侧向变形大,若新旧路基间整体性不足,路基和地基易发生整体滑动,导致路基失稳。因此,需要采取相应的措施保障路基稳定性,常见的拓宽路基稳定性控制技术包括反压护道、设置侧向抗滑桩和护脚挡墙等方法。

蒋鑫采用有限元分析的方法,计算了施工期内软弱地基和路基填筑的变形及稳定性情况,探究了软弱地基上路基填筑的变形特性,并分析了增大路基边坡坡度和设置反压护道的效果。

罗根传对抗滑桩加固效果进行模拟计算,分析探究了边坡应力应变和桩体自身应力分布情况,计算结果表明桩体的抗滑作用使桩周岩体出现应力增加,抗滑桩前、后的岩土压力呈三角形分布。

1.2.4 硬路肩设计研究现状

目前,路肩设计的大部分研究和应用集中于英国、德国、荷兰、美国等国家。右侧硬路肩通常作为紧急避险区域(emergency refuge area,ERA),其主要作用为:增加的路面净宽为车辆横向移动提供空间,在道路养护情况下提供车辆临时通行,在事故情况下为救护车、工程车等救援车辆提供通行。左侧路肩保障内侧车道车辆行驶安全,也可用为临时车道,其主要作用为:在紧急情况下为内侧车道行驶车辆提供临时停靠区,避免驾驶者与路侧护栏碰撞,保障中央隔离带内的养护工作安全且减少其对主线交通的影响,在改扩建工程中作为行车道使用。

不同国家对于路肩设置的侧重不同。在英国、荷兰等国家的典型案例中,右侧硬路肩、左侧硬路肩(以下简称为右侧路肩、左侧路肩)均可作为临时使用路肩措施的实施应用对象。在我国,《公路工程技术标准》(JTG B01—2014)中规定,设计车速为 60～120 km/h 的高速公路与一级公路的硬路肩宽度为 2.5～3.25 m,且结构强度与普通行车道一致,符合路肩车道的基本设置要求。而对于我国部分城市化地区的城市快速路,如路肩宽度不大于 2.5 m 且路段内出入口匝道密集,则不推荐实施临时使用路肩措施。

国内对于硬路肩的设置及设计的研究:

曾志刚总结分析了硬路肩的主要功能和机理,明确了不同功能与宽度值的定位关系,同时总结了防止硬路肩行车的工程措施,保证硬路肩功能的正常发挥。基于现场试验,结合交通组织管理,建立了基于核心功能下的左、右侧硬路肩宽度计算模型,并提出满足不同功能时硬路肩的宽度建议值的一般值和最小值。

叶朕以高速公路 METAENT 宏观动态交通流模型为基础,利用遗传算法及滑动时间窗来预测并优化路肩在不同约束条件和目标函数下的开启和关闭问题,提出了基于路网总行程时间最小化的高速公路临时使用路肩措施优化模型。

贾致荣针对硬路肩设计所存在的问题,指出了硬路肩设计需遵循的一些原则和交通量的调查方法,提出了硬路肩设计的一些建议及宽路肩增强安全效果的一种新方法。

张海涛提出了高等级公路路肩结构设计、影响因素及其设计程序。

熊文磊从统计学角度对比分析 6 车道及未设左侧硬路肩 10 车道路段在实际运营过程中呈现的事故特征及交通特性差异。

吕锡平基于最大程度利用硬路肩的绿色理念,针对复合式路面硬路肩拼接设计,提出了相应的补强措施及设计指标体系。

张虢宁针对国内现状,对高速公路整体式路基设置左侧硬路肩的必要性进行分析论证。

1.2.5 新旧路面结构排水抗裂拼接

拼接设计的目的是使拓宽的新旧路面结构内部排水通畅、变形均匀、协调,不产生开裂、唧浆、坑槽、沉降等结构病害,拼接后新旧路面使用性能良好,整体路面结构寿命长。

从拼接缝处向外侧对旧路结构层进行分层铣刨,与旧路路面结构相对应,铣刨预留一定宽度的结构层拼接台阶;拓宽拼接路面结构采用密疏相间组合结构形式,沥青面层厚度与旧路沥青面层厚度相同,对应旧路路面结构和路基内部横向排水,在拓宽拼接沥青面层下分别设置一定厚度的柔性沥青处治排水基层、半刚性材料密实底基层、级配碎石排水垫层。

为了防止和延缓反射裂缝,阻止路表水分沿接缝向下渗透,可沿纵向在底基层上加铺一层钢塑格栅,钢塑格栅的宽度为300～600 cm;在沥青面层的上中面层底部分别设置宽度为50～150 cm 的长丝单边烧毛土工布。

为保证新旧沥青层接缝密实不渗水,沥青面层接缝处施工时,可以在旧沥青层侧壁均匀涂抹灌缝胶。拼接缝处优选设置在旧路外车道的外侧标线中心线上。从拼接缝处向外侧对旧路结构层进行分层铣刨,各结构层拼接台阶的宽度优选为:沥青层各结构层为15～20 cm;基层和底基层为50～75 cm。

为使新旧路面结构排水畅通和缓解反射裂缝,所述柔性沥青处治排水基层优选采用特种大颗粒集料沥青碎石混合料排水层,厚度为8～15 cm;底基层优选采用水泥或石灰粉煤灰稳定碎石层,厚度为45～60 cm;排水垫层设置在底基层与路基顶面之间,优先采用开级配排水型级配碎石垫层,厚度为15～20 cm。

具体实施方式如下(图1.9):

1. 拼接设计

旧路具体结构为4 cmSMA－13(上沥青面层(1))＋6 cmAC－20C(中沥青面层(2))＋7 cmAC－25C(下沥青面层(3))＋36 cm 水泥稳定碎石基层(4)(分两层施工,上基层和下基层各18 cm)＋20 cm 石灰稳定土底基层(5)＋旧路基(6)。

新旧路拼接缝处设置在旧路外车道的外侧标线中心线上(7)。从拼接缝(7)向外侧对旧路结构层进行分层铣刨,与旧路路面结构相对应,铣刨预留一定宽度的结构层拼接台阶(8)。

中沥青面层、下沥青面层、水泥稳定碎石基层及底基层对应的台阶宽度分别为15 cm、15 cm、50 cm、60 cm。

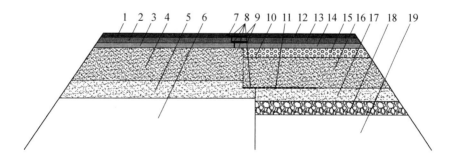

图1.9 新旧路面结构拼接方法

2. 施工顺序

(1)拼接路基(19)压实处理后,铺筑开级配排水型级配碎石垫层(18)。

为了解决旧路路基6顶面的排水问题,设计铺筑厚度为15 cm 的开级配排水型级配碎石垫层(18)。级配碎石垫层空隙率范围为18%～24%。

(2)铺筑水泥稳定碎石底基层。

为了与旧路路面结构相对应,铺筑厚度为 15 cm 的低剂量水泥稳定碎石(17)和厚度为 36 cm 的水泥稳定碎石(16)作为底基层。基于防止和延缓反射裂缝,阻止水分渗透的考虑,在路面拼接处,沿纵向在底基层中加铺一层宽度为 450 cm 的钢塑格栅(11)。

水泥稳定碎石层采用分层碾压一次养生成型的施工方式,以确保层间连续完整。设置下封层(10)。水泥稳定碎石底基层施工完毕后,将表面清扫干净,然后洒布热沥青下封层(10)。

热沥青下封层洒布量为 1.2 kg/m²,热沥青洒布后立即撒布单粒径沥青预拌碎石,撒布量为 6 kg/m²。

单粒径沥青预拌碎石的优选规格为 5~10 mm,预拌沥青含量为 0.35%,采用 70A 沥青或改性沥青。

(3)铺筑柔性特大颗粒集料沥青碎石混合料排水层(15)。

为了解决旧路面层结构内排水问题,同时防止反射裂缝,设计铺筑厚度为 10 cm 的柔性特大颗粒集料沥青碎石混合料排水层(15)。特大颗粒集料沥青碎石混合料的空隙率为 12%~18%,采用 70A 沥青或改性沥青,设计沥青含量范围为 2.9%~3.5%。

(4)铺筑沥青混合料面层。

铺筑特大颗粒集料沥青碎石混合料排水层后,按照原沥青层(上沥青面层(12)、中沥青面层(13)及下沥青面层(14))铺筑密级配沥青混合料,恢复沥青面层结构。基于防止和延缓反射裂缝、阻止水分渗透的考虑,在新旧路面拼接处,沿纵向在上中面层底设置两层宽度为 90 cm 的长丝单边烧毛土工布(9),在旧沥青层侧壁均匀涂抹灌缝胶。

由此可以看出,我国在新旧路基、路面基层和路面面层拼接设计方法、拼接区域的力学响应、协调变形及控制技术等方面研究较少。

通过以上对国内外路面结构设计与使用性能研究的总结、分析和经验看,系统地建立室内材料力学性能与路面结构使用性能的关系是路面结构设计的基础,在现阶段我国已经具备大量室内材料参数并已经建立了较为系统的理论分析体系的情况下,研究高速公路沥青路面的长期使用性能必须从室内走到室外,系统地建立室内材料性能与结构使用性能的关系。开展足尺路面加速加载与基于现有道路性能总结的长期使用性能观测是经济效益最好的研究手段。

1.2.6 高速公路改扩建路基加宽研究现状

1. 国外高速公路改扩建路基加宽方式

以发达国家为例,由于这些国家工业发展较早,他们的高速公路建造年代较早,许多高速公路的服务水平及通行质量均无法满足当今社会交通运输发展的需要,故国外的高速公路都面临着或正在进行大规模的改扩建工程。

美国盐湖城 I-15 公路也进行过改扩建,该公路中某一段的路基刚好建于软弱土上,这导致不均匀沉降问题变得十分突出。为了保证路堤稳定并缓解不均匀沉降,施工部门使用了诸多新措施来加固软弱土地基。美国普渡大学的 Richard J、Deschamps 等人,在综合分析了许多路基加宽工程方案后提出了相关的设计指南和施工措施,并参与修订了施工控制规范。A. N. G. Van Meurs 和 A. Van Dell Berg 则针对软基提出了间隙施工法(gap method),即先在距旧路基一定距离处填筑新路基,然后再填筑新旧路基的交界处,以此来解决软基上路堤填筑产生的不均匀沉降问题。

日本由于国土狭小的国情,故高速公路在改扩建工程方面为了减少占地,也进行了诸多的创新和实践。日本东京城市周边的高速公路部分采用了设置停车岛开辟硬路肩车道的加宽方式,另一种加宽方式则采用高架桥的形式进行拓宽。此外,国外高速公路加宽工程还有荷兰鹿特丹—安特卫普的 A16 号公路、阿姆斯特丹—乌得勒支的 A2 号公路、芬兰赫尔辛基—Mikonkorpi 公路、韩国 1 号公路等,在这些工程中,开始尝试填筑轻质材料来解决高速公路路基加宽后产生的不均匀沉降等病害。

学者 Juha Forsman、Veli Matti Uotinen 借助有限元软件模拟并用现场试验验证,最终发现土工合成材料可以有效控制路基自重产生的沉降,进而防止不均匀沉降导致的病害,且土工合成材料的刚度越大,效果越佳。此外,超轻质材料 EPS 也在荷兰、瑞典、加拿大等国得到了广泛运用,其超轻质、耐水性、耐压性、自立性等优点,对路基填筑十分适用。

2. 国内路基加宽技术

我国首条高速公路扩建加宽工程是广佛高速公路,此后,全国各地开始兴起高速公路的改扩建工程。

1997 年 8 月,广佛高速公路扩建工程动工,在施工过程中,为了应对路基加宽后新旧路基不均匀沉降和施工期紧的问题,广佛高速相关部门选择使用水泥粉喷桩复合地基的方式对新路路基进行加固处理,成功地降低了新路路基的沉降量,使新旧路基不均匀沉降值处在规范要求范围内。

2000 年 10 月,沪杭甬高速公路加宽扩建工程开工,该工程采用全路段两侧对称加宽的形式扩建。为保证施工阶段道路也能顺利通行,该工程施工采用半幅全封闭的施工,并借对向两车道来逆向通行。因此,沪杭甬高速公路在加宽施工期间既保证了工程质量和进度,又保障了高速公路正常的畅通运行,该工程对同类工程具有突出的示范功能。

2011 年 9 月,京港澳高速公路河北段"四改八"扩建工程开始动工。由于京港澳高速公路存在着各路段路幅宽度不同、中央分隔带宽度不同、各段地基土土性差异大以及施工期保障交通运行等问题,因此该工程相当复杂。在施工过程中,工程方选用分幅分期施工的方法,针对各类不同地质情况选用合适的方式,比如:膨胀土路段采用设置灰土垫层及防水土工处理;一般软土路段采用 CFG 桩加固;局部占地受限地段使用旋喷桩加固处理等。

近年来我国已有多条高速公路进行了改扩建,在改扩建过程中普遍存在着新旧路基差异沉降、新旧路基连接失效、占地受到限制等问题,因此为了解决这些问题,保证高速公路的质量和行车安全,正在对路基加宽技术进行深入的研究。

1.3 研究内容

1. 高速公路改扩建窄幅拼接方式及拼接设计分析

通过调研分析现有高速公路改扩建路基路面拓宽方式、拼接方案,结合济泰高速工程实际,从高速公路改扩建窄幅拼接路基拓宽、路面扩宽两个方面研究窄幅拼接设计。

2. 高速公路改扩建窄幅拼接材料设计及性能评价

结合高速公路窄幅拼接设计方案,进行窄幅拼接材料设计,研究材料组成设计及其物理力学特性,并分析材料的方案适应性。

3. 窄幅拼接施工工艺、施工质量控制体系研究

通过依托工程窄幅拼接的设计与施工,对窄幅拼接材料进行组成设计优化、路用性能与力学性能分析,设计相应的施工工艺,提出窄幅拼接结构施工品质检测方法、控制指标及质量保证体系。

第 2 章 高速公路改扩建路基窄幅拼宽路基差异沉降标准及控制措施

在高速公路拓宽工程中,路基存在的问题主要是新旧路基的不协调变形(存在差异沉降)、新旧路基结合不良、路基整体稳定性差,以及由于工程所在地质、水稳条件等因素造成的路基病害问题。

2.1 新旧路基差异沉降原因分析

2.1.1 路基不均匀沉降分析

土体的沉降变形与土体压缩性能密切相关,一般的天然土是三相体,其受力变形实际是土颗粒受到压缩、土空隙中的水和气体排出、土体积缩小的过程。

地基土体在上部结构荷载和车辆动力荷载作用下,产生应力和应变,竖向变形即为沉降。

公路路基的沉降主要由两部分组成,即路基的固结沉降压缩变形和地基的固结沉降。由于路基是分层施工的,根据应力扩散原理,路基土在施工的过程中承受的压路机轮压作用最明显,已经在很大程度上得到了压实。而地基的压实效果却十分有限。由此可见,路基的工后沉降主要由地基土的固结沉降导致,另外一部分沉降来自于路基土及地基土的次固结沉降。

路基不均匀沉降原因如下:

(1)新旧路基沉降的不协调性。

新旧路基由于水文地质条件、填料性质和压实度的差异,而且由于修建时间差异较大,新旧路基顶面将产生不协调变形。路堤在本身荷载的作用下会发生压缩变形,旧路路基经过相当长的一段时间运营,在各种荷载的共同作用下固结沉降基本上已经完成。而新填路基在施工结束后相当长的一段时间内固结沉降会一直持续发生,导致工后沉降较大。

(2)路基填土本身的压实度不够。

在路基施工过程中,由于受到施工条件的限制,考虑施工进度和没能准确有效地控制填方土体最佳水率等因素的影响,导致路基填土压实度得不到保证,致使路基发生不均匀沉降变形,最终导致路面纵向裂缝的产生。

(3)路基刚度差异较大。

路基综合刚度是对路基综合抗变形能力的描述。在许多情况下,如果单从施工质量控制角度来说,当地基处理、路基填土压实度等能够满足设计要求时,路基沉降一般会保证在规范要求的范围之内,不会导致路面开裂等其他病害的发生。但是,在路基综合刚度相差过大的情况下,路基会在路面行车荷载作用下出现差异沉降,导致路面开裂。即使没有在短期内出现较为明显的差异沉降,路面结构仍然会在长期循环外荷载的作用下,产生由附加应力带来的疲劳破坏,导致路基差异沉降的产生,进而引发一系列的路面病害。

(4)地基中存在软弱土层。

软弱土层的压缩性大、力学性能差,在外荷载作用下,会产生较大的固结沉降,导致地基发生非常明显的沉降变形。在一些河谷、塘区由于软土层处理不完全或者回填土没有得到有效控制,会形成一种人为的软土。在这种情况下,路基铺设后,会出现不均匀沉降,致使路基产生不均匀沉降,引起路面产生以纵向裂纹为主的病害。

(5)新旧路基结合部处治不当。

新旧路基拼接部工艺较为复杂,实际的施工难度也较大。如果压实度、台阶开挖、原有路基边坡清表等达不到设计标准,就会造成拼接结合部的强度不足,出现差异沉降。同时,如果土工格栅设计不合理或者施工时土工格栅埋入旧路部分长度不足,不能使其与旧路基充分咬合,则会使土工格栅无法充分发挥其加筋作用,也会导致差异沉降的出现。

由此可见,路基产生不均匀沉降多数情况下是由设计、施工及外荷载等多种因素共同引起的。

2.1.2 路基浸水对不均匀沉降的影响分析

路基产生差异沉降是由多种内在和外在因素共同作用的结果。其中,除去路基填土和地基本身的内在原因外,浸水对路基差异沉降的影响也是不可忽略的。

在地下水的交替作用下,路基土体内含水量反复变化,进而影响到土体重度的波动。地下水动态变化对路基不均匀沉降有着很大的影响。地下水侧向补给和降雨下渗补给是路基及其地基中地下水的主要补给来源,如图2.1所示。水的动态变化对土体中有效应力分布、土体强度和结构特征的影响,导致了路基的不均匀沉降。

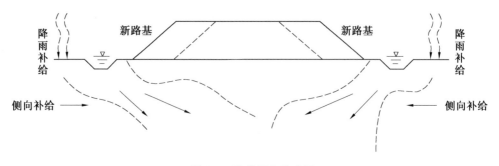

图2.1 路基浸水示意图

地基中的软土层一般为饱和软土层,空隙中充满水,位于地下水以下。饱和软土层沉降变形以渗透固结和次固结沉降为主,并需要相当长的时间才能基本完成。路基填土及车载等在软土层中产生的附加应力,会被软土层中的水承担,称之为孔隙水压力。根据太沙基有效应力原理,为了增加土体中的有效应力,应采取人工强化排水措施,加速水的排出,缩短孔隙水压力消散时间,加速土体的固结。

填方路基及其地基中高于地下水常水位部分的地下水主要来自降雨补给。在含水量变化的过程中,土体中的有效应力也会发生变化,同时土体的重度也会发生变化。这种变化是经常的、反复的,它的交替作用引起土体的沉降变形。因此,在公路设计中,路基路面的排水是非常重要的,在工程设计中应给予足够的重视。在原地基土状况良好路段,可以采用如图2.2(a)所示的浅碟式边沟排水,该方案施工方便,景观效果好,造价低;如果遇到原路基土为砂土的路段,可采用图2.2(b)所示的预制块铺底边沟排水方案,该方案的泄水能力和防冲刷能力强,但前期的预制量较大;当路线穿过水资源保护区附近时,应采用图2.2(c)所示的浆砌片石边沟方案,该方案泄水能力和防冲刷能力很强且施工较为简单,缺点是圬工量较大。

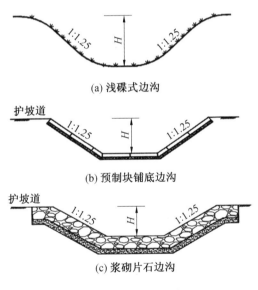

图 2.2 边沟设计方案

合理、完善的道路排水设施,能有效减少地表水下渗,避免或减轻路基土因受水浸泡而致使强度急剧下降的情况发生。

2.1.3 新旧路基结合强度不足

新旧路基结合强度不足会造成新旧路基沿结合面的蠕变和滑移,这种情况不仅会造成路基的不均匀沉降,严重的会造成路基错台和失稳,这种不协调变形会造成新旧路基结合部的路面开裂和损坏。

2.1.4 新旧路基作用下地基的固结沉降

新旧路基作用下地基的固结沉降主要发生在地基条件较弱的路段,土体产生压缩的角度,固结时间长,在施工完成后仍发生较大的沉降,而旧路路基已经固结沉降基本完成,在新路路堤作用下地表发生不均匀沉降,最终反映到路面。因此,当地质条件不佳时,地基的固结变形不协调占主导地位。

2.1.5 台阶开挖

台阶开挖是新旧路基结合部处置的常用措施,主要为了减小新旧路基结合部的病害问题。在高速公路改扩建过程中,新旧路基结合部是最容易产生不均匀沉降的地方。因此,在填方段新旧路基的衔接是改扩建工程设计中最为关键的问题之一。所以,需要采取有效措施减小新旧路基间的不协调变形,保证加宽段新旧路基可以衔接良好,共同受力。新旧路基结合部的处理,主要包括旧路基的削坡以及台阶开挖。

(1)旧路路基削坡的作用。

旧路路基在服役过程中,处于暴露状态,表层土及一定深度的土都是相对松软的状态,在路基加宽过程中,若存在软弱夹层,则会出现严重的病害问题,故应当清除表面浮土。

(2)台阶开挖的作用。

根据高速公路改扩建路基拓宽的破坏机理可知,新旧路基结合部是路基加宽拼接过程中的薄弱环节,通过台阶开挖的方式可以增大新旧路基的结合面积,增大摩阻力,提高抗剪强度。

2.2 基于路面结构附加应力的窄幅拼接路基差异沉降控制

由于高速公路改扩建是在现有路基路面的基础上进行路基的拓宽改造,旧路路基已经运营多年,固结沉降比较充分,而拓宽部分的路基尚未固结充分,在附加应力的作用下,会产生不协调变形;由于路基会产生较大的剪切应力,造成路基的差异沉降变形及路基的不稳定,进而造成路面的横坡率发生变化,影响车辆行驶的安全性和舒适性,较为严重的还会产生路面的开裂破坏。因此,控制新旧路基差异沉降是高速公路改扩建过程中极为关键的问题。过于控制会提升工程造价,控制不足会造成路基路面的潜在病害。所以,应当权衡各因素,对路基差异沉降进行合理的控制。

目前,我国对于路基拓宽差异沉降的控制,主要是控制差异沉降量和变坡率,我国各改扩建工程中路基差异沉降控制标准,以及《公路改扩建技术细则》中对于路基差异沉降的控制标准为:在高速公路改扩建施工完毕后,桥头处为≤5 cm、通道及涵洞处为≤10 cm、其他一般路段为 15 cm,拓宽后路拱横坡度改变值为≤0.5%。国内外大量的研究表明,改扩建工程新旧路基差异沉降变坡率应控制在 0.15%~0.5%之间,不能一方面范围要求大,另一方面尚未考虑路基差异沉降对于路面服役性能的影响。因此,本书研究基于高速公路改扩建窄幅拼接工程特点,构建了不同路基差异沉降下的路面结构受力模型,提出了基于路面使用性能的路基差异沉降控制标准。

2.2.1 工程简介

京台高速公路是国家高速公路网中的放射线,连接了北京、天津、济南、合肥、福州、台北等城市,构成了北京向南辐射的快速主干通道,为扩大首都辐射作用、促进沿线经济发展做出了极为显著的贡献,取得了显著的社会效益和经济效益。

京台高速公路济南至泰安段起自济南市市中区,止于泰安市,现状技术标准为双向六车道高速公路,设计速度为 120 km/h。随着我国经济社会的快速发展,交通量增长迅速,道路拥堵现象日趋严重。

目前,京台高速公路山东境内的四车道路段,即德州(鲁冀界)至齐河(约 93.1 km)、泰安至枣庄(鲁苏界)(约 189.5 km)正在按双向八车道标准实施改扩建;京台高速公路山东境内的六车道路段(齐河至泰安段)拟实施改扩建,其中齐河至济南段(约 24.0 km)拟由六车道改扩建为十车道,济南至泰安段(约 54.1 km)由六车道改扩建为八车道。

2.2.2 原有公路状况存在的问题及工程特点

1. 原有公路状况存在的问题

经过对现有京台高速公路济南至泰安段现状的综合分析,现有高速公路基本能满足现状交通的需求,但从发展的角度结合现行《公路工程技术标准》(JTG B01—2014)来看,现状的高速公路技术标准已经显得偏低,主要表现如下。

(1)交通量大,大型车辆多,交通拥堵现象时有发生。

京台高速公路是山东省南北向公路运输大动脉,交通量大、过境车辆多、增长速度快、大型车辆比例高(大型车约占 40%以上),特别是在路面大中修期、交通事故发生、恶劣天气等特殊情况下,交通堵塞状况时有发生。

由于高速公路跨越区域广,地质条件变异性较大,不可避免地会出现各种地质条件。已有研究结果多针对某实体工程展开研究,对于其他地质条件的工程参考依据不足,需要结合实体工程进一步分析高速公路改扩建路基差异沉降特性。

(2)穿越城市规划区,对城市规划产生一定影响。

近年来随着城市规模快速扩张,沿线的济南、泰安城市规划已发展至京台高速公路。由于京台高速公路建设年代久,未留有足够的通道,虽然后期修建了部分构造物,但仍然不能完全满足城市交通需求,在一定程度上阻碍了城市之间的交流和发展。

(3)局部路段路面仍有病害。

目前全线路面已经过多次挖补、补强、罩面处理,但局部路段仍有病害。大量频繁的施工、养护给正常的车辆通行造成了极大的干扰,同时也带来了交通事故的隐患。如采用旧路加宽改造,需对旧路路面病害采取彻底的处理措施。

(4)桥梁承载力难以满足现行规范要求。

以目前高速公路要求的公路Ⅰ级荷载等级来衡量现有高速公路的荷载标准,现有桥涵的承载能力也显得不足,而且经过近20年的运营,部分桥涵不同程度地出现了病害,客观上也影响了桥涵的实际承载能力和使用寿命,在改扩建过程中要充分考虑对现有桥梁的加固及利用。

(5)行车不规范,运行效率低。

由于京台高速公路上大型过境货车数量多、荷载大、车况较差,同时,不同程度上存在超载现象及行车不规范现象(大型货车长时间占压左侧车道、侵占应急车道、恶意堵车及超速、随意上下乘客),因此高速公路运行效率低、车辆堵塞、交通事故频发。

2. 工程特点

(1)既有高速公路改扩建制约因素较多,加宽形式尽量采用两侧拼宽形式。

本工程受地形、地物、地质、城镇规划、既有公路及保通要求等多项因素制约,采用"两侧拼宽为主、局部路段中线偏移"的加宽形式。

(2)低山丘陵区高速公路,地形地质条件复杂。

本工程位于低山丘陵区,沿线地形地质复杂,存在多处挖方高边坡,需重点做好挖方高边坡路段加宽方案,多层次、多方面地比选及优化,降低工程规模,节约工程造价。

(3)既有道路局部路段事故多发,安全隐患大。

本工程沿线经过的馒头山这一段落为事故多发路段,事故原因复杂多样,存在纵坡偏大、纵坡较长的不利线形条件,应采取技术措施消除安全隐患。

(4)既有道路的充分、合理利用技术难度大。

既有道路的合理利用是项目实施的经济指标中最主要的制约因素,其中重点考虑道路、桥梁、安全设施、沿线设施的利用与改造及废弃材料的再生利用和环保处理等技术难题。

(5)在安全施工的前提下,保证施工期交通畅通难度大。

与新建道路相比,改扩建工程实施过程中最大的技术难题是安全施工与保通工作间的矛盾冲突,特别是在山区石质挖方路段。

(6)两侧拼宽路段均为窄幅加宽,路基、路面、桥梁拼接需充分考虑该特点。

拟建工程原公路为双向六车道,推荐改扩建方案为双向八车道,两侧拼宽方案需每侧增加3.25 m的路面宽度,加宽宽度较窄,正常路段拼接、挖方路堑,特别是锚杆防护路段的拼接、挡墙路段拼接、临河路段拼接、桥梁拼接等需进行多方案比选,需提出适应本路段特点的经济可行的推荐方案。

再者,窄幅拼接条件下,路基差异沉降导致的路面结构附加应力尚未明确,其新旧路基差异沉降控制标准也没有合理确定。因此,本书基于分析新旧路基差异沉降对路面结构附加应力的影响,以基层容许拉应力为控制指标,提出了窄幅拼接条件下路基差异沉降控制标准。

2.2.3 有限元模型的建立

1. 软件简介

三维有限差分软件FLAC3D由美国ITASCA公司开发,是二维计算程序的扩展版,能够模拟分析岩土及其他材料的三维受力特性。FLAC3D共包含11种材料本构模型,包含静力、动力、渗流、蠕变等各种计算模式,且相互之间还可以进行耦合。可以模拟的结构形式多种多样,最为擅长的是对岩体和土体的模拟。同时还可以运用其他单元进行梁、锚索、桩等人工结构的模拟。在模拟的过程中,当材料发生屈服时,网格能够随之发生相应的变形和移动,这就是所谓的拉格朗日算法。FLAC3D能够准确地模拟出材料变形性状,在分析材料的弹塑性及变形方面有着巨大的优势。

2. 模型构建

本书研究采用三维有限差分软件FLAC3D分析窄幅拼接条件下,路基差异沉降对路面结构的影响,结合京台高速公路济南至泰安段实体工程,进行分析计算,由于结构的对称,取半边进行计算分析,计算结构如图2.3所示。

组合式基层沥青路面

4 cm SMA-13

6 cm AC-20

8 cm AC-25

11 cm ATB-25 或冷再生

18 cm 水泥稳定碎石

18 cm 水泥稳定碎石

18 cm 水泥稳定碎石

土基

图2.3 路基差异沉降对路面结构性能影响计算用结构

结构计算参数见表2.1。

表 2.1 结构计算参数

材料	厚度/m	模量/MPa	泊松比	容重/(kN·m^{-3})
SMA-13	0.04	10 000	0.25	
AC-20	0.06	11 250	0.25	
AC-25	0.08	11 000	0.25	
ATB-25	0.11	9 000	0.25	23
水泥稳定碎石	0.18	12 000	0.25	
水泥稳定碎石	0.18	12 000	0.25	
水泥稳定碎石	0.18	9 000	0.25	
路基	—	80	0.4	

根据国内外对路基差异沉降分析的研究可知,新旧路基差异沉降呈现出开口向下的曲线型,为了进行简化计算,将路基差异沉降简化为两到三段折线。由于在有限元分析中,无法通过改变网格来实现路基差异沉降模拟,因此通过对路基施加局部荷载实现路基差异沉降模拟,由此来分析路基差异沉降对路面结构附加应力的影响,在计算时,基本假设如下。

(1)计算模型为对称结构,新拓宽部分以旧路中心线为中心线,对称布置在旧路两侧;
(2)路堤足够长;
(3)旧路基自身的固结变形已经完成;
(4)模型的两侧在水平方向受到约束,底部同时受到水平和竖向两个方向的约束;
(5)路基和路基加固区内土体是均质各向同性弹塑性体;
(6)新旧路基、底基层、基层和面层结合表面处治良好,接触状态是完全连续的,无相对滑移和分离;
(7)仅考虑路基差异沉降对路面附加应力的影响;
(8)以容许弯拉应力进行路基差异沉降控制。

2.2.4 路基差异沉降对路面附加应力的影响

基于图 2.4、图 2.5,分析计算不同新旧路基差异沉降条件下,路面结构附加应力如图 2.6~2.11 所示。

分析图 2.6 可知,在路基差异沉降为 1 cm 时,路面基层底部拉应力(S)已达到 0.25 MPa,相对于没有路基差异沉降时基层层底弯拉应力 0.18 MPa,有较小的提升,沥青层层底弯拉应变为 8.7 $\mu\varepsilon$,在差异沉降为 1 cm 的状况下,路面结构响应的提升幅度不大。

分析图 2.7 可知,在路基差异沉降为 3 cm 时,路面基层底部拉应力已达到 0.32 MPa,相对于没有路基差异沉降时基层层底弯拉应力 0.18 MPa,有较大的提升,沥

第 2 章　高速公路改扩建路基窄幅拼宽路基差异沉降标准及控制措施

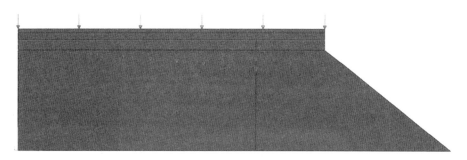

图 2.4　有限元模型及荷载

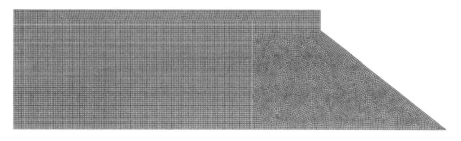

图 2.5　有限元网格划分

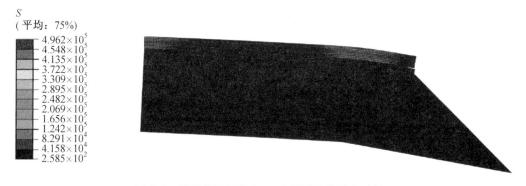

图 2.6　路基差异沉降 1 cm 的路面结构受力云图

青层层底弯拉应变为 16.4 $\mu\varepsilon$,在差异沉降为 3 cm 的状况下,路面结构响应的提升幅度较差异沉降为 1 cm 有了提升。

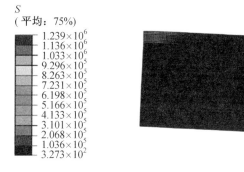

图 2.7　路基差异沉降 3 cm 的路面结构受力云图

分析图 2.8 可知,在路基差异沉降为 5 cm 时,路面结构无机结合料层底部拉应力已达到 0.43 MPa,相对于没有路基差异沉降时基层层底弯拉应力 0.18 MPa,有成倍的提升,沥青层层底弯拉应变为 19.2 $\mu\varepsilon$,在差异沉降为 5 cm 的状况下,路面结构响应的提升幅度较差异沉降为 1 cm 有了成倍的提升。

图 2.8　路基差异沉降 5 cm 的路面结构受力云图

分析图 2.9 可知,在路基差异沉降为 7 cm 时,路面结构无机结合料层底部拉应力已达到 0.45 MPa,相对于没有路基差异沉降时基层层底弯拉应力 0.18 MPa,有成倍的提升,沥青层层底弯拉应变为 21.6 $\mu\varepsilon$,在差异沉降为 7 cm 的状况下,路面结构响应的提升幅度较差异沉降为 1 cm 有了成倍的提升,但相对于差异沉降为 5 cm,路面结构响应提升幅度较小。

图 2.9　路基差异沉降 7 cm 的路面结构受力云图

分析图 2.10 可知,在路基差异沉降为 9 cm 时,路面结构无机结合料层底部拉应力已达到 0.53 MPa,相对于没有路基差异沉降时基层层底弯拉应力 0.18 MPa,有近两倍的提升,沥青层层底弯拉应变为 23.6 $\mu\varepsilon$,在差异沉降为 9 cm 的状况下,路面结构响应的提升幅度较差异沉降为 1 cm 有了近两倍的提升,相对于差异沉降为 7 cm,路面结构响应提升幅度也在增大。

分析图 2.11 可知,在路基差异沉降为 11 cm 时,路面结构无机结合料层底部拉应力已达到 0.56 MPa,相对于没有路基差异沉降时基层层底弯拉应力 0.18 MPa,有两倍多的提升,沥青层层底弯拉应变为 23.6 $\mu\varepsilon$,在差异沉降为 11 cm 的状况下,路面结构响应的提升幅度较差异沉降为 1 cm 有了两倍多的提升。

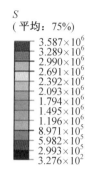

图 2.10　路基差异沉降 9 cm 的路面结构受力云图

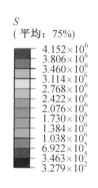

图 2.11　路基差异沉降 11 cm 的路面结构受力云图

1. 路基差异沉降控制

现阶段研究对新旧路基不均匀沉降的控制主要是控制沉降量与横坡变坡率。由于很难对新旧路基差异沉降曲线变化情况进行描述，现建立简化的半幅路基横坡变坡率计算公式：

$$\Delta_1 = \frac{S_1 - S_0}{B} \tag{2.1}$$

$$\Delta_2 = \frac{S_2 - S_1}{B_1} \tag{2.2}$$

$$\Delta_3 = \frac{S_3 - S_1}{B_2} \tag{2.3}$$

式中　Δ_1——旧路路基变坡率；

　　　Δ_2——新路路基变坡率；

　　　Δ_3——新旧路基整体变坡率；

　　　S_0——旧路中心位置的沉降；

　　　S_1——旧路路肩处沉降量；

　　　S_2——新路路基最大沉降；

　　　B_1——旧路路基半幅宽度；

B_2——增加路基半幅宽度;

B——拓宽后路基半幅宽度。

为体现整体路基差异沉降程度,本书以新旧路基整体变坡率 A 作为控制指标。由于高速公路改扩建后的路面仍要满足路面的使用性能,而对于同一行车道,纵向不平整性对行驶舒适性影响较大,因此本书仅从路面结构性能提出新旧路基差异沉降控制标准。

路基拓宽完成初期,较大差异沉降作用导致路面结构产生较大附加拉应力,若达到基层极限抗拉强度(弯拉强度),将产生早期纵向裂缝。而较小差异沉降对路面结构的影响主要体现在道路使用后期,基层层底拉应力若超出疲劳开裂容许拉应力,在长期附加应力作用下,新旧路面结合部也将产生纵向裂缝。因此可以基层极限弯拉强度与容许拉应力对差异沉降及路面产生附加应力进行控制。

除差异沉降外,对基层所受附加应力影响较大的为基层厚度与材料模量,面层厚度及材料对其影响较小。而我国现阶段较为常见的基层均为 36~60 cm 水泥稳定碎石,因此只需考虑差异沉降对其影响。

2. 基于路面性能要求的新旧路基差异沉降控制

(1)基于无机结合料层极限弯拉应力的路基差异沉降控制。

试验研究表明,水泥稳定碎石基层存在极限拉应力,若应力幅值在极限应力范围内,则水泥稳定碎石基层不会出现结构性破坏,因此将水泥稳定碎石基层极限拉应力 0.5 MPa 作为控制指标。当路基差异沉降为 10 cm 时,基层层底最大弯拉应力接近 0.5 MPa,达到其抗拉强度极限,此时新旧路基整体变坡率为 0.48%。因此得到差异沉降控制标准为 0.48%变坡率。

(2)基于基层容许拉应力的路基差异沉降控制标准。

本书采用有限元进行路基不同差异沉降下,路面结构附加应力特性分析,保证路面结构在运营期内不发生结构性破坏。目前,对于路基差异沉降引起路面结构附加应力的研究表明,考虑和不考虑土基模量,对计算结果影响不大。因此,在本书研究中,将路面作为一个整体进行考虑,不考虑路基模量,仅分析路基差异沉降对路面结构附加应力的影响。通过施加应力来实现路基差异沉降,进而计算差异沉降在路面结构层中引起的附加应力。通过上述分析,计算路基不同差异沉降下路面结构附加应力,计算结果见表 2.2。

表 2.2 路基差异沉降计算结果

路基差异沉降/cm	无机结合料层层底弯拉应力/MPa	无机结合料层层底附加弯拉应力/MPa
0	0.18	0
1	0.25	0.07
3	0.32	0.14
5	0.43	0.25
7	0.45	0.27
9	0.53	0.35
11	0.56	0.38

由表 2.2 可知,在差异沉降较小的情况下,无机结合料层附加应力较小,对于路面结构疲劳寿命的折减在可接受范围内,当差异沉降过大时,附加应力成倍数增加,对于路面结构疲劳抗力是极为不利的。

本书研究基于现行《公路沥青路面设计规范》(JTG D50—2017),以沥青路面结构在运营期内不发生结构性破坏为原则,提出各交通荷载等级下的路基差异沉降控制标准。

按照不同的交通荷载等级,给出了路面基层容许拉应力,并结合容许拉应力,确定了路基差异沉降控制标准。

由于高速公路多为重交通,因此,应将路基差异沉降控制在 9 cm 以内,对应于变坡率为 0.52%,若交通量为特重或极重,则应采取措施将差异沉降分别控制在 7 cm 和 5 cm 之内,见表 2.3。

表 2.3 不同交通量下结构层容许拉应力

交通荷载等级		容许拉应力/MPa	容许差异沉降/cm
极重		0.26	5
特重	上限	0.26	5
	下限	0.29	7
重	上限	0.29	7
	下限	0.31	9
中等	上限	0.31	9
	下限	0.36	10
轻		0.39	>10

2.2.5 路基差异沉降分级标准

综上可知,基于基层极限抗拉强度的容许差异沉降量较大,为 10 cm,变坡率为 0.48%;基于基层容许拉应力的容许差异沉降量较小,为 6.1 cm,变坡率为 0.29%。因此,以疲劳破坏时变坡率 0.29% 作为差异沉降控制标准的低限,以早期破坏变坡率 0.48% 作为差异沉降控制标准的高限,对路基差异沉降控制标准进行分级,具体见表 2.4。随着容许变坡率与容许差异沉降的增加,应采取适宜的差异沉降控制措施。

表 2.4 新旧路基差异沉降分级

差异沉降控制等级	容许差异沉降/cm	容许变坡率/%
1	<5	<0.4
2	5~7	0.4~0.46
3	7~9	0.46~0.52
4	9~10	0.52~0.58
5	>10	>0.64

2.2.6 路基差异沉降控制技术体系

1. 浅层换填法处置路基差异沉降

对于含水量大的饱和软黏土地基土,采用冲击压实和夯击处理时,孔隙水不能及时排出,土体中孔酿水压力较大,压实效果较差,冲压或强夯时可能会出现"弹簧土"现象,影响路基沉降处治效果,当软弱地基层厚度较小时,可以采取地基砂石垫层换填的方式进行处理,以提高地基承载力。针对附加填土荷载高度不大于 1.8 m 的路段,加宽段路基主要采用浅层换填处理方法,换填法处治地基差异沉降的具体方案如下。

(1)路基削坡后,加宽段路基原地表下挖至扩建路床顶边缘标高以下 1.5 m。整平压实后铺设一层凸结点钢塑格栅,其上填筑 50 cm 厚级配碎石,然后分层施作 100 cm、10%的石灰土,其上施作路面结构。

(2)砂石垫层换填宽度选择。

换填垫层的宽度应满足基础底面应力扩散的要求,可按式(2.4)计算或据当地经验确定。

$$b' \geqslant b + 2 \times Z \times \tan\theta \tag{2.4}$$

式中 b'——垫层底面宽度,m;

θ——压力扩散角,当 $Zb<0.25$ 时,按 0.25 取值。

垫层顶面宽度可以从垫层底面两侧向上,按基坑开挖期间保持边坡稳定的当地经验放坡确定。垫层顶面每边超出基础底边应大于 30 cm。

(3)要求砂石材料不含草根、垃圾等有机杂物,控制砂石含泥量不超过 3%,限制碎石最大粒径不大于 5 cm。根据目前的工程经验,可以选用细度模数为 3.1~3.3 的河砂,碎石粒径规格为 2~4.5 cm 和 0.5~2 cm 的碎石,并按试验配合比二次拌制成级配混合料。

(4)砂石配合比选取。

配合比设计按照碎石与砂分别占全重 70%和 30%的原则,在实验室进行两组砂石材料试配。人工级配的砂石垫层应将砂石拌和均匀后再进行铺填夯压密实。碎石垫层材料一般为 5~40 mm 的自然级配碎石,含泥量小于 5%,对于碎石及卵石应充分浇水湿透后夯压。对有排水要求的砂石垫层宜控制含泥量小于 3%。

(5)下卧层开挖施工要点。

当垫层下卧层为软弱土层时,在开挖基坑时预留厚度约 20 cm 的保护层,待做好铺填垫层准备后,先开挖保护层,随即用换填材料填,直到完成全部垫层铺设,以保护下卧层的结构不被破坏。在软弱下卧层顶面设置厚为 15~30 cm 的砂层,防止粗粒换填材料挤入下卧层时破坏其结构。

(6)砂石垫层碾压质量控制。

采用振动碾压法施工工艺,分段摊铺分层碾压,要求每层虚铺厚度不大于 30 cm,上下层错缝搭接距保证在 2 m 以上。控制砂石混合料含水量在 8%~12% 之间,否则应洒水或晾干。

控制压路机工作行驶速度,要求行驶速度不大于 3 km/h。第 1 遍静压,第 2 遍低振动碾压,从第 3 遍起在高振幅状态下(激振力达到 200 N 以上)连续碾压,碾压遍数为 6~8 遍。

2. 冲击压实法处治路基差异沉降

为了提高路基承载能力,减小差异沉降,可以对地基及填方路堤采用冲击压实方法进行处理。国内外工程实践证明,路基冲击压实技术对于提高高速公路路基填筑质量、减少通车后路面病害的发生有着积极作用。冲击压实法处治路基差异沉降方案如下。

(1)压实机具采用蓝派 25T3—25KJ 型三边形碾压轮冲击式压实机,自重为 15.6 t,标准能量为 2 kJ,工作速度为 10~15 km/h,冲压轮宽为 2×900 mm,外形尺寸为 4 064 mm×2 960 mm×2 170 mm,压实厚度为 40~1 200 mm;地基冲击压实前,应清除掉表层植物根系等种植残余物,用平地机将地基表面整平。

(2)冲击压实机在冲击加固路基时,应使连续两圈的轮迹重叠,形成梅花桩轮迹,以保证冲压均匀,完全覆盖整个工作面。按这样的要求,冲击压实机完成一组后应立即进行取样。

(3)冲击轮行进一周产生 3 次冲击、3 次碾压,为了保证地基表面受到均匀的冲击压实,使地基土密度均匀,地基强度提高幅度一致,不出现漏压现象,冲压排列方式应为每次横向错半轮,纵向错 1/6 轮周长,冲击压实机行驶速度控制在 10~12 km/h。

(4)冲击压实自路肩一侧开始顺时针行驶,按纵向错轮冲压,至全路幅冲压后,再由外向内冲压,冲压六次后为碾压一遍。为保证边坡稳定,路肩处理时,单层填筑厚度可取为 2~4 m;留出 1 m 不冲压,中央分隔带左右各 1 m 不冲压,采用冲击压实对填方路基进行冲击压实遍数的选择与路基土含水量有关,不同含水率冲击碾压次数见表 2.5。

表 2.5 不同含水率冲击碾压次数

含水率	$W_{OP}-3\%$~$W_{OP}+1\%$	$W_{OP}-3\%$~$W_{OP}+2\%$	$W_{OP}-3\%$~$W_{OP}+3\%$	$W_{OP}-3\%$~$W_{OP}+5\%$
冲击碾压次数	直接冲压 1 次	直接冲压 2 次	直接冲压 3 次	铺碎石或砂砾层后冲压 1 次

(5)填方路基中,大面积掺加过石灰或固化剂的路段和桥涵台背填料为半刚性材料的部位不冲压,桥涵上填土高度小于 2 m 处或路基中已埋设通信管线的情况下,应升起冲击轮驶过此处,不得进行冲压,在 100 m 长度内遇有后张预应力桥梁正在张拉时,应停止冲压。

3. 土工材料+换填砂垫层法处治路基差异沉降

当路面结构受差异沉降影响较大时,需采取有效工程措施对其进行处理。当地基土为饱和黏性土、湿陷性黄土等软弱地基时,为了提高地基承载力,可采取换填砂垫层的方法对其进行处理,同时对上部填方路堤进行土工格栅加筋处理,减小路堤及地基沉降量,将最终差异沉降控制在较小范围内,土工格栅与换填砂垫层相结合的方式处理路基沉降的具体措施如下。

(1)原材料选取。要求砂石不含草根、垃圾等有机杂物,控制砂石含泥量不超过3%,建议选取粒径规格为5~20 mm、20~40 mm的碎石与河砂拌制混合料,砂与碎石所占比例分别为30%和70%。

(2)砂石垫层换填厚度取0.5~2.0 m,换填宽度为路基宽度(包括边坡宽度),开挖基坑铺设砂垫层时应尽量避免对旧路堤的扰动,基坑开挖后应及时回填,不暴露过久或浸水,并防止踏践坑底。

(3)砂石换填层采用振动碾压施工,每层松铺厚度应控制在30 cm以内,上下层采用错缝搭接,距离应大于2 m。

(4)上路床、下路床、上路堤、下路堤顶面分别铺设长度为10 m的土工格栅,自路基顶面向下的格栅竖向间距为0.3 m、0.5 m、0.7 m,以下每隔1.5 m铺设一层土工格栅,路堤高度较高时可增大格栅铺设间距。

(5)上路床顶部土工格栅在填方段与挖方段各搭接5 m,下路床顶面格栅在挖方段搭接3 m,填方段搭接7 m。其他两层为:挖方段搭接2 m,填方段搭接8 m。

(6)土工格栅搭接距离为:纵向接头搭接距离不小于20 cm;横向搭接宽度不小于15 cm。土工格栅铺设固定完毕后,须用胶轮压路机适度碾压稳定,使格栅与原结构层黏结牢固。

(7)铺设土工格栅的土层表面应平整,表面严禁有碎石、块石等坚硬凸出物。在距土工格栅8 cm以内的路基填料其最大粒径不得大于6 cm,土工格栅铺筑后应及时填土(暴露时间不应超过48 h),格栅上的第一层填土应采用轻型推土或前置式装载机逐段推进。

4. 强夯置换+土工格栅法处治路基差异沉降

对于湿软地基处的路基差异沉降的控制,需要对地基及上部路堤均采取有效措施,将沉降控制在预定目标范围内。地基表层湿软土体厚度较大时可采取强夯置换的方式对其进行处理,提高地基承载能力与渗透性,对于上部填挖结合路基可采取铺设土工格栅的方式进行沉降控制,强夯置换与土工格栅相结合处理路基差异沉降的具体措施如下。

(1)夯击能选择。点夯夯击能采用2 000 kN·m,夯锤重为15 t,锤高为1.2 m,底直径为2 m,夯落距为14 m;满夯夯击能采用1 000 kN·m,夯锤重为12 t,锤高为1.2 m,锤底直径为2 m,锤落距为10 m。

(2)夯点布置。布置第一遍强夯置换夯点时,夯点间距采用8 m,正方形布置;第二遍夯点在第一遍夯点中间布置,间距为8 m,以满足两遍夯点之间距离为4 m的要求。

(3)墩体及垫层材料。可采用级配良好的块石、碎石、矿渣等坚硬粗粒材料作为墩体材料,粒径大于30 cm的颗粒含量不宜超过全重的30%,墩顶应铺设不小于50 cm厚的垫层,若垫层厚度大于 50 cm,要分层碾压夯实,达到一定密实度,垫层材料可与墩体相同或采用碎石、砾石,以分散和均衡上部结构荷载。

(4) 夯击击数和遍数。第一遍强夯,夯击能采用 2 000 kN·m,单点夯击次数为 8~10 次。每个点夯坑内填入碎石,再以相同的夯击能夯击填料,以最后两次夯击平均夯沉量小于等于 5 cm 作为止夯标准。

第二遍强夯应在第一遍点夯完成后进行,经平整后夯击能仍然采用 2 000 kN·m,夯击次数为 8~10 次,夯击方法与第一遍强夯相同。满夯夯击能采用 1 000 kN·m,夯击次数为每点 2 击,点间距为 0.75 倍。

(5) 于路床顶面以下 $H/3$(H 为路基高度)范围内设置土工格栅,以减小直径,减小不均匀沉降,土工格栅竖向铺设间距分别为 1 m、1 m、2 m、3 m。

(6) 每层台阶上土工格栅铺筑长度为 10 m,其中挖方段土工格栅长度为 2 m。

(7) 在路床顶面铺设一层土工格栅,长度为 16 m,填方段、挖方段长度均为 8 m。

(8) 横断面方向土工格栅铺设宽度为:格栅边缘距路基边缘为 0.5 m,土工格栅为 8 m。格栅搭接距离为:纵向接头搭接距离不小于 20 cm;横向搭接宽度不小于 15 cm。

(9) 土工格栅采用双向拉伸格栅,抗拉强度大于 50 kN/m,纵横向标准强度下延伸率小于等于 13%,2%延伸率拉力大于等于 17 kN/m,5%延伸率拉力大于等于 34 kN/m。

2.3 本章小结

(1)本章论述了高速公路窄幅拼接时路基差异沉降来源,结合依托项目具体状况,基于山东省典型沥青路面结构,建立了有限元模型,分析了窄幅拼接下路基差异沉降对路面附加应力的影响,得出结论如下。

①差异沉降对路面结构层内的附加应力影响明显,各层层底应力均呈近线性增大趋势,且差异沉降对底基层与沥青层层底受力影响较大。

②随着差异沉降的增大,路面结构同一位置承受的水平附加应力不断增大。同一差异沉降下,随着路面结构垂直深度的增加,水平附加应力基本呈线性变化,沥青层受压,至基层一定深度时转变为拉应力。

(2)基于现有行业规范对新旧路基差异沉降控制的规定,提出了基于路面结构性能的新旧路基差异沉降控制指标标准与分级。基于路面结构性能要求,以基层容许拉应力对应变坡率 0.4% 为低限、以基层极限抗拉强度对应变坡率 0.64% 为高限,建立五等级差异沉降控制标准,分级依据为横坡变坡率与对应的路基差异沉降量。

(3)提出了窄幅拼接下路基差异沉降控制技术措施。

第 3 章 泡沫轻质土在窄幅拼宽路基中的应用

3.1 概 述

20 世纪 90 年代后期,我国已开展对原有高速公路的改扩建工程,自首条高速公路改扩建工程(广佛高速公路)在 1999 年 8 月完工后,海南环岛东线、沈大、沪杭甬、京津塘等高速公路均进行大规模的改扩建工程。由于很多需要进行改扩建的高速公路一般都处于交通枢纽和经济发达的地方,在对道路拓宽完成后,由于新旧路基土材料性质和地基固结程度等存在差异,在路基填土自重和交通荷载的作用下,新旧路基存在较大的不均匀沉降。拓宽道路路基结合部位路面会出现纵向裂缝现象,从而引起路基下沉开裂、路面剪切破坏等道路病害,影响拓宽道路的正常运营和使用。

对其病害机理进行研究发现,地质条件对新旧路基的差异沉降有显著影响,因此在现场实际工程中需依据工程特点采取相关措施。在地质条件良好的道路进行改扩建工程时,地基在上覆荷载的作用下,新地基发生压缩后固结沉降量相对较小,在改扩建工程中应该严格控制拓宽路基填料的压实度、含水率、颗粒级配等工程指标。在现场地质条件较差的道路进行改扩建工程时,地基在上覆荷载的作用下,新地基发生压缩后固结沉降量相对较大。此时新旧地基的沉降量决定了差异沉降值,因此选用合理的地基处理方法或采用泡沫轻质土材料成为关键。

高速公路改扩建工程的关键是降低新旧路基的差异沉降。解决新旧道路差异沉降的手段有很多,由于泡沫轻质材料具有轻质性、强度和密度可调节、直立性好、硬化成型快以及施工简便等优点,因此采用轻质材料拓宽路基是控制差异沉降的有效手段之一。实现轻质路基新材料的规模产业化,对经济高效的道路改建拓宽有重要意义。另外,京台高速公路济泰段属山岭区,道路沿线往往沟谷纵横、地势复杂,地形起伏变化较大,道路通常以高填深挖通过,存在较大的开挖交界面,而且道路纵横坡度较大。因此,山岭重丘区道路同样存在差异沉降问题,而且更为突出。轻质路基由于其轻质性,可以大幅降低填土荷重,降低道路不均匀沉降。

本书项目依托的京台高速公路济泰段改建拓宽工程,其走向沿泰山山脉,沿线地形起伏变化较大,在短距离内存在较大高差,由于同时存在前面所述两方面问题,因此较易发生新旧路基间较大不均匀沉降。为了确保改扩建项目的顺利开展,同时降低工程造价,须通过研发有效降低新旧道路差异沉降的新型泡沫轻质土；同时采取合理的技术措施，提出相应的路基改扩建应用技术方案，以减轻路堤自重，控制路基的纵横向差异沉降，保证复杂地形条件下路基改扩建的安全稳定。

本书项目的研究成果，可用于科学、合理地指导高速公路改扩建窄幅拼接项目，提高公路的使用寿命，节约养护费用。

3.2 泡沫轻质土的特点

泡沫轻质土是指在原料土(有时也可不加)中按照一定的百分比，加入固化剂、气泡和水等，经充分搅拌、浇筑养护所形成的轻质微孔混凝土，称为泡沫轻质土。泡沫轻质土的组成成分主要有原料土、固化剂、发泡剂、水以及一些掺加剂等。其制作流程如图3.1所示。

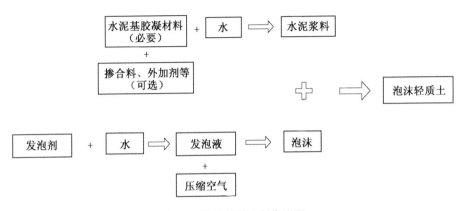

图3.1 泡沫轻质土制作流程

原料土一般是工程废弃土，也可以是细砂、黏性土、粉煤灰或砂质土。但是为了达到与固化剂及气泡的均匀混合、搅拌，保证泡沫混凝土的流动性，原料土颗粒最大粒径一般不宜大于5 mm，对于不符合要求的原材料，在拌和前必须进行筛分处理以免影响泡沫轻质土的性能。

固化剂一般有主固化剂和辅助固化剂两种，其中主固化剂的主要作用为固结、加固土体，而辅助固化剂主要是为提高泡沫轻质土的凝结速度、加速材料之间的化学反应。通常，习惯采用水泥作为主固化剂，达到加固土体骨架的效果，然后根据原料土的性质添加石膏粉、硅粉等辅助材料，加入这些原料不仅可以有效降低工程造价，而且对改善泡沫轻质土性能也有极大的帮助。

泡沫轻质土中的拌和水一般为饮用水或其他不影响泡沫稳定性、泡沫轻质土强度和耐久性的城市用水。

发泡剂一般有两种：物理发泡剂和化学发泡剂。为确保泡沫轻质土的轻质性，在选择发泡剂时应选用对环境无不良影响，具有较高的表面活性，能够有效降低液体表面活力的发泡剂，通常使用的发泡剂主要是物理发泡剂。物理发泡剂在机械作用力下能够产生大量稳定的泡沫。泡沫轻质土的固化沉降率不宜大于5%,泡沫剂的发泡标准密度宜为 0.04~0.06 t/m³,产生的气泡必须具有一定的稳定性,在与水泥(砂)浆进行混合后,形成的孔隙应有大量微小而不连通的特点。

泡沫轻质土由于土体内存在大量独立闭合的气泡,其容重(堆密度)比一般填土小很多,可以达到一般压实填土密度的1/4,使作用在地基上的荷载大大减小,但其强度甚至可以达到一些良好土体的强度,且容重和强度还可以按照工程需要进行自由调整;泡沫轻质土固化后具有良好的自立性,作用在挡土墙等构造物上的侧压力小,几乎没有推挤力,可进行垂直浇筑,利于构造物的稳定。此外,泡沫轻质土还具有良好的流动性、低渗透性和低透水性,具有与水泥混凝土材料同等的耐久性,施工便捷,无须碾压,工期短。

由于泡沫轻质土独特的优点,泡沫轻质土在我国公路工程领域应用越来越广泛,泡沫轻质土已被大量应用于软基路基的填筑、公路改扩建路基填筑以及桥台台背回填。其主要优点如下。

(1)可降低软土地基的上覆荷载,减小附加应力,对限制软基沉降、侧向位移,提高路堤的安全性、稳定性有极大的帮助。可提高地基处理水平,提高道路运营期行车的舒适性,有效控制施工完毕后运营期沉降量。此外,泡沫轻质土中大量封闭的细小气泡,不仅使得轻质土具有良好的保温隔热性能,保证了路基路面结构的耐久性,而且在高速公路中该材料还可以作为一种隔音层,具有良好的节能效果。

(2)拼宽路基采用泡沫轻质土施工,通过合理的技术措施,提出相应的路基改扩建应用技术方案,以减轻路堤自重,控制路基的纵横向差异沉降,保证复杂地形条件下路基改扩建的安全稳定,可有效解决公路改扩建项目新旧路基沉降不均匀问题,同时降低工程造价。

(3)解决了高速公路改扩建窄幅拼接用地受限的问题,减少了征拆困难,节约了土地资源。

(4)解决了高挡土墙地基承载力不足、墙后土压力过大等问题,可以有效缩短建设工期。

(5)泡沫轻质土施工过程中具有无须碾压、施工速度快、可垂直浇筑等优点,原料可采用价格低廉的工业废渣,对全面提升工程建设质量及经济和社会效益有十分显著的效果。

3.3 泡沫轻质土的性质及影响因素分析

3.3.1 容重

泡沫轻质土的容重相对较低,且可根据工程需要进行自由调整,调整范围一般为5~12 kN/m³,相当于传统建筑材料的1/5~3/5。表3.1所列为不同填筑材料的容重对比。

第3章　泡沫轻质土在窄幅拼宽路基中的应用

表 3.1　不同填筑材料的容重对比　　　　　　　　　　　　　　　　kN/m³

水泥混凝土	路面底基层	路基填土	粉煤灰	泡沫轻质土	泡沫塑料块轻质土（EPS）	泡沫塑料颗粒混合轻质土
25	21～22	19～22	12～16	5以上	0.16～0.3	7以上

由表3.1可以看出，泡沫轻质土容重比常规轻质填料粉煤灰还小，仅次于泡沫塑料块轻质土（EPS），但EPS是一种超轻量的合成树脂发泡体，价格昂贵，且不能利用建筑废弃土，对水的浮力抵抗差。综上所述，泡沫轻质土可作为路基减载填料的首选。

泡沫轻质土的密度可分为湿密度、干密度及饱和密度。湿密度是指新搅拌的泡沫轻质土在硬化前流动状态下的单位体积质量；干密度是指泡沫轻质土在硬化后28 d自然天气干燥的单位体积质量；饱和密度是指轻质土在使用环境状态下，经水浸泡等条件影响作用后的最大单位体积质量。

泡沫轻质土的表观密度从拌和成型到最终固结硬化是一个不断变化的过程，这主要是由于泡沫轻质土中含水率在不断地变化。通常来说，固结硬化后泡沫轻质土的表观密度会因含水率的降低而降低。所以在配合比不变的条件下，泡沫轻质土的干密度要小于其湿密度。若在实际应用中出现干密度明显大于湿密度的情况，则说明在泡沫轻质土的硬化过程中气泡消解严重，导致其干密度大于湿密度，此种情况下的泡沫轻质土判定为质量不合格。

容重的大小主要与单次浇筑厚度、气泡含量、固化时间长短、材料配合比及浸水时间长短等因素有关。其中，影响泡沫轻质土容重的主要因素如下。

1. 单次浇筑层高度对容重的影响

泡沫轻质土在固化前由于自身重力对土体内气泡具有压缩作用，泡沫轻质土上部下沉，底部受限固定不动，导致底部的轻质土容重略大于上部；且单次浇筑层厚度越大，二者的差值越明显，泡沫轻质土容重从上到下也逐渐增大。底层泡沫轻质土的密度越小（气泡含有率越高），底部泡沫轻质土容重的增加幅度也越大。因此，在利用泡沫轻质土作为减载材料时，为确保其密度的轻质性，应严格控制泡沫轻质土单次浇筑高度。一般单次浇筑层高度以不超过1 m为宜，但同时为了减少施工工序，减少由于施工过程造成断面尺寸效应，单次浇筑层高度一般不宜小于0.3 m。

2. 吸水对泡沫轻质土容重的影响

由于泡沫轻质土中含有大量微小孔隙，泡沫轻质土在浸水后会使容重增加，初始密度越小，浸水后容重增幅越明显，且泡沫轻质土浸水时间越长，其容重增幅越明显。因此，泡沫轻质土在浸水条件下施工或运营时，应采用适当的防水措施或掺入憎水剂等用于减小由于轻质土浸水而造成的容重增加。同时也应知道，泡沫轻质土中虽含有大量微小的气泡，但这些气泡是彼此分散独立的，同时这些气泡为不通水性的胶质物质，这对泡沫轻质土吸水有了很好的限制作用。经大量试验研究表明，影响泡沫轻质土吸水增重的主要原因并不是气泡,而是泡沫轻质土的孔隙骨架,如控制水泥用量。

3.3.2 流动性

新搅拌成型的泡沫轻质土流动性较强,能够实现自流动,随时间延长逐步固结硬化,无须通过碾压而实现自密实,其流值一般可用圆筒法进行测定。为便于工程施工,其流值通常控制在 160～200 mm 范围内。泡沫轻质土的流动性与混合料的水灰比、气泡含有率、原料土种类等有关:①随着泡沫轻质土混合料含水率的增加,水灰比随之增大,泡沫轻质土的流动性增强;但在满足施工流动性的条件下,为防止泡沫轻质土固化后产生过多孔隙,应尽量避免采用水灰比过高的泡沫轻质土;②轻质土体内气泡含量的增加虽然能使轻质土容重减小,但由于气泡含量增加,轻质土黏滞力增加,其流动性也会受到很大的影响,气泡含量越高,轻质土的流动性越差;③用粉煤灰制备泡沫轻质土比用砂子制备的泡沫轻质土流动性更强。

泡沫轻质土现场施工一般采用管道或直接泵送的方式进行浇筑,但为保证泡沫的稳定性、减小气泡消解比例、避免材料离析等,一般宜将泡沫轻质土的输送距离控制在 500 m 以内。

3.3.3 无侧限抗压强度

与轻质土容重的可调节原理一样,通过改变原材料的种类、用量、气泡的含有率等其他不同种类的配合比,其无侧限抗压强度亦能在 0.3～5 MPa 内进行调整,在公路工程应用中应用范围一般在 0.5～1.5 MPa 之间。值得注意的是,泡沫轻质土的无侧限抗压强度、承担荷载的能力虽然高于普通填土材料,但其无侧限抗压强度是介于普通填土与混凝土之间的;与混凝土相比,虽然也满足路基抗压强度的要求,但其抗压强度是较低的,因此不能盲目代替混凝土或普通填土使用。影响泡沫轻质土无侧限抗压强度的因素如下。

1. 气泡含量对泡沫轻质土无侧限抗压强度的影响

在气泡含量一定的条件下,泡沫轻质土无侧限抗压强度随固化材料的增加,其无侧限抗压强度也随之增加;在固化材料含量一定的条件下,泡沫轻质土无侧限抗压强度随气泡含量的增加而逐渐减小。这主要是因为当气泡含量较低时,水泥颗粒间能充分地与水进行水化反应,固结强度更高;随着气泡含量的增加,水泥颗粒间与水之间的水化反应逐渐减弱,泡沫轻质土抗压强度也随之减弱;此外,气泡大量的存在也有可能会造成轻质土内部产生大量细小裂缝而导致其强度的降低。因此,为确保泡沫轻质土能够满足公路工程设计强度的要求,一般规定泡沫轻质土的气泡含量以不超过 70% 为宜。但值得注意的是,气泡含量增加时虽会降低泡沫轻质土抗压强度,但气泡的胶质黏滞性可增加泡沫轻质土的延性,减小泡沫轻质土由于脆性破坏而带来的影响。

2. 原料土种类、用量对泡沫轻质土无侧限抗压强度的影响

有研究表明,在测试泡沫轻质土强度试验时分别采用不掺加原料土、细砂、亚黏土和低液限黏土四种不同类别的原料进行对比分析,发现泡沫轻质土的无侧限抗压强度,在配合比相同的情况下,采用不同原料的泡沫轻质土抗压强度并不相同,其中细砂制备的泡沫轻质土要高于其他三种原料下的抗压强度,而黏土制备的泡沫轻质土抗压强度最低。

3. 固化材料的种类与用量对无侧限抗压强度的影响

在配合比与其他原材料相同的情况下,固化材料分别采用高炉矿渣水泥、普通硅酸盐水泥进行试验对比分析时,发现泡沫轻质土采用高炉矿渣水泥时的抗压强度要高于普通硅酸盐水泥。而当用同一种固化材料时,其无侧限抗压强度随着固化材料强度、用量的增加而增大,但其强度在达到一定限制值后增长幅度逐渐减小。

4. 养生龄期及养生环境对无侧限抗压强度的影响

同混凝土一样,在标准养护条件下泡沫轻质土随着龄期增长其无侧限抗压强度也在逐步增长,强度增长主要发生在轻质土浇筑完成后的前期,28 d 后还会继续增长一部分,最长增长期可延续至 1~2 年。即使在浸水条件下进行养生,其抗压强度依然增长,只是浸水养生条件下的增长幅度会有所下降。此外,若将泡沫轻质土试样暴露在室外进行养生,会发现其抗压强度出现下降的趋势。因此,在作为减载填料进行路基施工时,当泡沫轻质土换填至设计标高后,需立即在其表面铺筑土工布并进行洒水保湿养护,以防泡沫轻质土在暴露条件下因土体失水过多而导致强度下降。其养护时间以同等养护条件下的试件强度为依据,在其试件强度达到设计标准值后才可使用。

3.4 粉质黏土基泡沫轻质土材料设计及物理力学性能试验检测

本节以京台高速公路济泰段改扩建路基拼宽工程为研究对象,针对目前泡沫轻质土造价偏高的问题,以黄泛区粉质黏土为基材,研发高性能泡沫轻质土,并对泡沫轻质土的物理力学性能参数变化规律进行试验分析。

3.4.1 基本材料

1. 原料土

参考《气泡混合轻质土填筑工程技术规程》(CJJ/T 177—2012)中对于原料土的要求,粒径不应大于 4.75 mm,本次研究对粉质黏土进行过筛处理,按照《公路土工试验规程》(JTG 3430—2020),通过室内试验,测试试验土样的基本物理性质指标,结果见表 3.2。

表 3.2 试验土样物理性质指标

土样指标	最佳含水率/%	最大干密度/(g·cm^{-3})	液限/%	塑限/%	塑性指数/%
测试指标	11.8	1.94	27.8	14.0	13.8

2. 水泥

水泥是制备泡沫轻质土所需的最基本、最重要的胶凝材料之一。国内外大量研究表明,在工程应用中,一般可采用通用硅酸盐水泥作为胶凝材料,水泥等级不宜低于32.5级。本研究采用42.5级早强型普通硅酸盐水泥。其主要物理性能指标见表3.3。

表3.3 试验水泥物理性能指标

项目	单位	指标	结果
初凝时间	min	≥60	170
终凝时间	min	≤600	250
3 d 抗折强度	MPa	≥3.5	4.5
28 d 抗折强度	MPa	≥6.5	6.9
3 d 抗压强度	MPa	≥17	30.5
28 d 抗压强度	MPa	≥42.5	55.4

3. 发泡剂

试验开始前需对发泡剂进行性能测试,测验内容主要有发泡剂发泡倍数、泡沫沉陷距和泌水量3项指标。

其中,发泡倍数主要是用来测定由发泡剂水溶液生成的泡沫体体积与原发泡剂水溶液体积的比例关系。具体做法为:把搅拌完成的泡沫注入容积为250 mL、直径为60 mm的无底玻璃桶中,两端刮平,称其质量,通过与原发泡剂水溶液体积对比计算发泡倍数。

泡沫沉陷距是指制成的泡沫在1 h内的塌落高度。具体做法为:将制备好的泡沫注入内径为60 mm、高90 mm的圆柱形透明容器,将泡沫表面处刮平,然后在其表面放置一张白纸,将容器放至阴凉、无风处进行观察记录,静置1 h后白纸下落高度即为泡沫沉陷距。

泌水量是指泡沫在1 h内破裂所需发泡剂水溶液的体积。本研究选用动物蛋白类发泡剂溶液,发泡剂密度为1 200 kg/m³,其所产生的泡沫溶液密度为42 kg/m³。其主要性能见表3.4。

表3.4 试验所用发泡剂主要性能

项目	发泡倍数	泡沫沉陷距/mm	泌水量/mL
检测结果	27.8	8.3	32.8

4. 水

水是泡沫轻质土制备过程中不可缺少的物质之一。在生成泡沫的过程中,水会生成保护膜,裹住气体。此外,在水泥(砂)浆体中,水与胶凝材料颗粒产生水化反应,以此形成泡沫轻质土的骨架结构。

3.4.2 设计流程与步骤

(1)根据设计要求确定泡沫轻质土施工湿密度 R_{fw}。
(2)确定水泥浆配合比。
按下列式子计算水泥浆单方材料组成、湿密度：

$$M_c = \frac{1}{Y}$$

$$M_f = \frac{\alpha}{1-\alpha} \cdot M_c$$

$$M_w = \frac{M_c}{b(1-\alpha)}$$

$$R_L = M_c + M_f + M_w$$

$$Y = \frac{1}{b \cdot (1-\alpha) \cdot 1\,000} + \frac{1}{\rho_c} + \frac{\alpha}{1-\alpha} \cdot \frac{1}{\rho_f} \tag{3.1}$$

式中 M_c——每方水泥浆中水泥的质量；
M_w——每方水泥浆中水的质量；
M_f——每方水泥浆中掺合料的质量；
R_L——每方水泥浆的质量；
α——水泥浆中掺合料占固体质量的百分比；
b——水泥浆中单位质量水中所包含固体的质量，则水灰比为 $1:b$；
ρ_c——水颗粒泥密度；
ρ_f——掺合料颗粒密度。

(3)确定泡沫轻质土配合比。
按下列式子计算泡沫轻质土配合比单方材料组成、气泡率：

$$\lambda = \frac{R_L - R_{fw}}{R_L - \rho_a}$$

$$m_w = M_w(1-n_b)$$

$$m_c = M_c(1-n_b)$$

$$m_f = M_f(1-n_b) \tag{3.2}$$

式中 m_c——每方泡沫轻质土中水泥的质量；
m_w——每方泡沫轻质土中水的质量；
m_f——每方泡沫轻质土中粉煤灰的质量；
R_{fw}——单方泡沫轻质土的施工质量；
ρ_a——泡沫密度；
n_b——泡沫轻质土泡沫率。

在确定水泥浆配合比时，水灰比参数 b 值宜取 1.3～1.6；粉煤灰掺量 α 不应大于 30%。

在本次试验中,具体配比见表3.5。设计粉质黏土掺量占粉质黏土和水泥总质量的0、20%、30%、40%、50%五个掺量,本研究主要研究粉质黏土掺量对泡沫轻质土力学性能和耐久性能的影响,因此固定水胶比为0.6,设计湿密度为800 kg/m³。按下列式子计算配合比:

$$\frac{m_c}{p_c}+\frac{m_f}{p_f}+\frac{m_s}{p_s}+\frac{m_m}{p_m}=1 \tag{3.3}$$

$$m_c+m_w+m_f+m_s+m_m=1 \tag{3.4}$$

式中 m_c——每立方米泡沫轻质土的水泥用量(kg);

p_c——水泥的密度(kg/m³),取3 100 kg/m³;

m_w——每立方米泡沫轻质土的用水量(kg);

p_w——水的密度(kg/m³),取1 000 kg/m³;

m_f——每立方米泡沫轻质土的气泡群用量(kg);

p_f——气泡群的密度(kg/m³),取50 kg/m³;

m_s——每立方米泡沫轻质土的细集料用量(kg);

p_s——细集料的密度(kg/m³);

m_m——每立方米泡沫轻质土的掺合料用量(kg);

p_m——掺合料的密度(kg/m³)。

按下列式子计算每立方米泡沫轻质土的气泡群体积量:

$$V_f=1\,000\left[1-\left(\frac{m_c}{p_c}+\frac{m_w}{p_w}+\frac{m_s}{p_s}+\frac{m_m}{p_m}\right)\right] \tag{3.5}$$

式中 V_f——每立方米泡沫轻质土的气泡群体积量(L)。

表3.5 泡沫轻质土配合比设计

湿密度/(kg·m⁻³)	水固比	土/土+水泥	土质量/kg	水泥质量/kg	水质量/kg	气泡质量/kg	气泡体积/L
800	0.7	0%	0	454.5	318.2	27.3	516
		20%	91.0	364.0	318.5	26.5	530
		30%	136.5	318.5	318.5	26.5	530
		40%	182.0	273.0	318.5	26.5	530
		50%	227.5	227.5	318.5	26.5	530

3.4.3 试件制备及养护

首先按设计配合比称取各种原材料。由于工程现场送来的粉质黏土含水率较高,并且含有杂质,如果采用烘干后磨细作为原材料土掺入则会大大提高成本和工艺的复杂程度,不利于规模化生产。本研究则直接将设计配合比中所需的水减去粉质黏土中含有的水后,直接称量折算后的水加入粉质黏土中,在搅拌机中搅拌 120 s 制成土浆,并通过 4.75 筛网过滤出杂质,直接用于泡沫轻质土配制。然后再将所需的水泥加入搅拌机中搅拌 120 s,与此同时通过发泡机制备密度为 50 kg/m³ 的泡沫,水泥浆搅拌结束后迅速将泡沫加入到搅拌机中,继续搅拌 120 s。不得提前制备泡沫,因为这会导致泡沫泌水密度降低,影响最终泡沫轻质土试件的湿容重。搅拌结束后立即取料 1 L,称量其湿密度是否满足要求,并进行流动度测试,如图 3.2 所示。

图 3.2 泡沫轻质土湿密度测试

流动度测试仪器包括:内径为 80 mm、净高为 80 mm 且内壁光滑的空心圆筒,光滑硬质塑料板,钢直尺,秒表。将拌好的泡沫轻质土缓慢倒入空心圆筒中,轻轻敲击圆筒外壁,保证浆液充满整个空心圆筒,用平口刀刮平,随后缓慢将空心圆筒提起使泡沫轻质土浆料自由坍落,计时 1 min,测量最大坍落直径,重复三次取平均值作为坍落度。流动度需满足 160~200 mm,试验如图 3.3 所示。

然后将浆液注入刷好脱模剂的 100 mm×100 mm×100 mm 的三联模和 400 mm×100 mm×100 mm 的抗折试件试模中,浇筑高度略高于试模表面,由于泡沫轻质土浆液流动度较大,因此不需要振捣。静置 4 h 后将试件沿试模表面刮平,覆盖保鲜膜。48 h 后通过气泵进行脱模,脱模后的试件放入恒温恒湿标准养护箱内养护至所需龄期,然后进行力学性能测试,如图 3.4 所示。

图 3.3 流动度测量试验

图 3.4 浇筑试件

3.4.4 力学性能测试

1. 抗压强度

《公路路基设计规范》(JTG D30—2015)中对用于路基填筑的泡沫轻质土材料 28 d 无侧限抗压强度规定见表 3.6。

第3章 泡沫轻质土在窄幅拼宽路基中的应用

表3.6 无侧限抗压强度指标

路基部位		无侧限抗压强度/MPa	
		高速公路、一级公路	二级和二级以下公路
路床	轻、中等及重交通	≥0.8	≥0.6
	特重、极重交通	≥1.0	
上路堤、下路堤		≥0.6	≥0.5
地基土置换		>0.4	

根据《蒸压加汽混凝土性能试验方法》(GB/T 11969—2020)和《气泡混合轻质土填筑工程技术规程》(CJJ/T 177—2012)，本试验采用UTM-30，对不同粉质黏土掺量，养护龄期为3 d、7 d、14 d、28 d的泡沫轻质土试件进行无侧限抗压强度试验，并按照下述公式进行抗压强度(表3.7)的计算：

$$q_a = \frac{P}{A} \tag{3.6}$$

式中 q_a——试件的抗压强度(MPa)，精确至0.01 MPa；

P——试件的破坏荷载(N)；

A——试件的承压面积(mm^2)。

表3.7 各龄期抗压强度(MPa)

土掺量/%	龄期			
	3 d	7 d	14 d	28 d
0	0.539	0.958	1.303	1.926
20	0.367	0.640	0.846	1.150
30	0.261	0.414	0.617	0.881
40	0.250	0.352	0.538	0.730
50	0.235	0.340	0.524	0.625
60	0.143	0.231	0.269	0.427

抗压强度随着粉质黏土掺量的增加而降低，且粉质黏土掺量越高，抗压强度越低，5种配合比的泡沫轻质土试件无侧限抗压强度随着龄期的增加，其强度均逐渐上升，当粉质黏土掺量为0时，泡沫轻质土试件抗压强度从3 d到28 d上升了1.387 MPa，而当粉质黏土掺量为50%时，泡沫轻质土试件抗压强度从3 d到28 d仅上升了0.39 MPa，因此随着粉质黏土掺量增加，泡沫轻质土试件的强度上升速度减慢。28 d时弃方土掺量为20%、30%、40%、50%时，其抗压强度分别为掺量0时的59.7%、45.7%、40.0%和32.4%。当粉质黏土掺量小于20%时，28 d抗压强度可以满足高速公路、一级公路，特重、极重交通

路床部位的填筑。当粉质黏土掺量小于30%时,28 d抗压强度均能满足高速公路、一级公路,轻、中等及重交通路床部位的要求。当粉质黏土掺量小于50%时,则可以满足高速公路、一级公路的上下路堤部位填筑和二级及二级以下公路的路床、上下路堤的填筑。而当粉质黏土掺量为60%时,仅可作为地基土置换使用。无侧限抗压强度随土掺量变化曲线如图3.5所示。

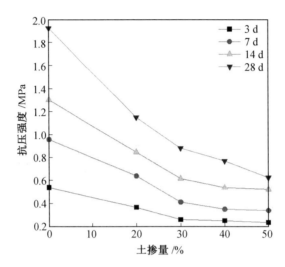

图3.5 无侧限抗压强度随土掺量变化曲线

2. 劈裂抗拉强度

泡沫轻质土作为一种脆性材料,其抗拉强度往往低于抗压强度,因而容易在拉应力区域产生受拉破坏,进而产生裂缝。作为路基填筑材料的泡沫轻质土一旦产生裂缝,在路表水渗入或者周围土体水渗入的情况下裂缝进一步发展,最终可能会导致结构失稳。本研究根据《蒸压加汽混凝土性能试验方法》,采用劈裂法对养生龄期28 d的泡沫轻质土试件进行劈裂抗拉强度测试,见表3.8。首先在试件中间位置画出劈裂面位置,然后将试件放置于特制夹具中央位置,然后以(0.2±0.05) kN/s的速度施加均匀荷载,直至试件破坏,并记录破坏荷载P。

劈裂抗拉强度计算公式如下:

$$q_b = \frac{2P}{\pi A} \tag{3.7}$$

式中 q_b——试件的劈裂抗拉强度(MPa);
P——试件的破坏荷载(N);
A——试件的承压面积(mm^2)。

表3.8 28 d劈裂抗拉强度

土掺量/%	0	20	30	40	50
劈裂抗拉强度/MPa	0.349	0.220	0.159	0.123	0.113

随着土掺量的增加,泡沫轻质土试件的 28 d 劈裂抗拉强度呈减小趋势,土掺量从 0 到 30% 时,劈裂抗拉强度下降速度较快,土掺量为 30% 时,劈裂抗拉强度仅为 0 时的 45.56%。30% 之后下降速度逐步减小,从 40% 到 50% 时劈裂抗拉强度下降较慢。这一下降趋势与抗压强度下降趋势类似,如图 3.6 所示。

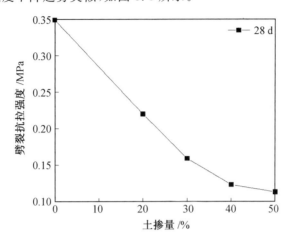

图 3.6 劈裂抗拉强度随土掺量的变化曲线

3. 抗折强度

根据《蒸压加汽混凝土性能试验方法》,采用养护龄期为 28 d 的 400 mm×100 mm×100 mm 的泡沫轻质土试件进行抗折试验,见表 3.9。试验时先在试件上划线,夹具放置于划线处,确保试件放置平衡对称。然后开动试验机以 (0.2±0.05)kN/s 的速度施加均匀荷载,直至试件断裂并记录破坏荷载 P。

抗折强度计算公式如下:

$$q_c = \frac{P \cdot L}{b \cdot h^2} \tag{3.8}$$

式中 q_c——试件的抗折强度(MPa);
P——试件的破坏荷载(N);
b——试件宽度(mm);
h——试件高度(mm);
L——支座间距,即跨度(mm)。

表 3.9 28 d 抗折强度

土掺量/%	0	20	30	40	50
抗折强度/MPa	0.696	0.590	0.416	0.281	0.252

掺土后的泡沫轻质土试件,其抗折强度与抗压强度、劈裂抗拉强度一样,均呈现降低趋势,但是各掺量之间的下降速度有所不同。当土掺量从 0 到 20% 时,其抗折强度仅降低 0.106 MPa,而当土掺量从 20% 到 40% 时,其抗折强度降低了 0.309,二者之间的差距

接近3倍,而当土掺量从40%到50%时,其抗折强度下降速度又减缓,仅降低0.029,如图3.7所示。

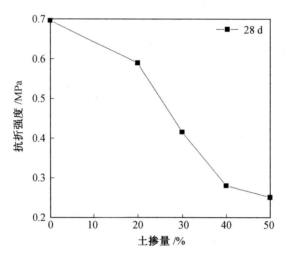

图3.7 抗折强度随土掺量的变化曲线

4. 耐久性测试

(1)干湿循环。

泡沫轻质土作为改扩建路基填筑材料,当道路投入使用后,在外部水侵入或者地下水的作用下,会受到反复的干湿循环,因而通过干湿循环试验来模拟验证泡沫轻质土材料的耐久性具有现实意义。本试验取养护龄期为28 d的5种配合比泡沫轻质土试件,按照《蒸压加汽混凝土性能试验方法》,以60 ℃温度将试件放置于烘箱内烘7 h,取出试件在室温下冷却20 min,然后将试件放置于水温为(20±5) ℃的水中,水面高出试件上表面30 mm,浸泡5 min后取出试件,在室温下晾干30 min,然后再将试件放置于烘箱中,以此为一个循环,干湿循环15次,干湿循环结束后将试件和对照组分别进行劈裂抗拉强度试验,计算干湿循环强度系数,见表3.10。

表3.10 干湿循环强度系数

土掺量/%	0	20	30	40	50
干湿循环强度系数 K	0.920	0.837	0.765	0.684	0.593

随着土掺量的增加,干湿循环后所有土掺量的泡沫轻质土试件性能均有所下降,土掺量为0、20%、30%、40%、50%时,干湿循环15次以后试件的劈裂抗拉强度分别下降了0.452 MPa、0.797 MPa、1.10 MPa、1.15 MPa、1.276 MPa。可以看出,随着土掺量的增加,泡沫轻质土在干湿循环后的性能变差。通过干湿循环强度系数曲线(图3.8)可以看出,土掺量超过20%时,干湿循环强度系数下降速度明显增加,在土掺量为40%到50%时,下降速度达到最大。因此可以得出土的掺入对泡沫轻质土的干湿循环耐久性能影响较大。并且当不掺土时,泡沫轻质土在15次干湿循环后劈裂抗拉强度也产生了明显的下

降。综上所述,干湿循环对泡沫轻质土的性能会产生不利影响。因此当采用泡沫轻质土作为改扩建拓宽路基填筑材料时,需做好防水和排水措施,尽量减少干湿循环对泡沫轻质土路基性能的不利影响。干湿循环强度系数曲线和干湿循环15次前后劈裂抗拉强度曲线分别如图3.8、图3.9所示。

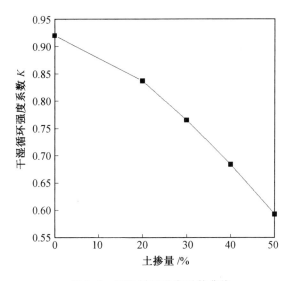

图3.8 干湿循环强度系数曲线

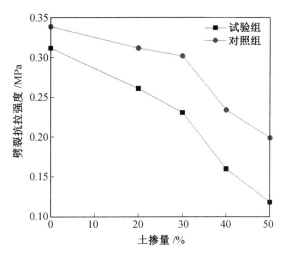

图3.9 干湿循环15次前后劈裂抗拉强度曲线

(2)冻融循环。

泡沫轻质土材料由于制备试件时内部掺入了大量泡沫,成型后的试件轻质多孔,用于改扩建工程路基填筑时泡沫轻质土结构会吸水,当冬季温度低于0 ℃时结构会冷冻,气温升高时则会消冻,如此冬季气温反复升降必然会导致泡沫轻质土填筑结构的反复冻融,可能会对结构的力学性能和耐久性能产生不利影响,因此采用冻融循环试验来研究泡沫轻质土材料的冻融耐久性能。按照《蒸压加汽混凝土性能试验方法》,首先将试验组和对照组试件浸泡于温度为(20±2)℃的水中48 h,前12 h水面位于试件的一半高度,后12 h水面高出试件30 mm,然后取出浸泡的试件放置于密封塑料袋中24 h。静置结束后立即称量试件质量,然后放置于−15 ℃的低温环境箱中8 h,冷冻结束后将试件放置于温度为(20±2)℃、湿度为95%的恒温恒湿室中不小于6 h。以冷冻8 h和融化6 h为一个循环,冻融循环15次。试验结束后立即称取质量,然后将冻融循环试件和平行试件放置于烘箱中在(60±5)℃下24 h,(80±5)℃下24 h,再在(105±5)℃下烘干至恒重,然后测量抗压强度。

5种土掺量的泡沫轻质土试件在经过15次冻融循环之后,抗压强度均有不同程度的下降,冻融循环对泡沫轻质土的抗冻性能会产生不利影响。土掺量为0、20%、30%、40%、50%时,冻融循环15次前后的抗压强度差值分别为0.066 MPa、0.071 MPa、0.114 MPa、0.123 MPa、0.151 MPa。可以看出随着土掺量的增加,泡沫轻质土的抗冻性能变差,如图3.10所示。

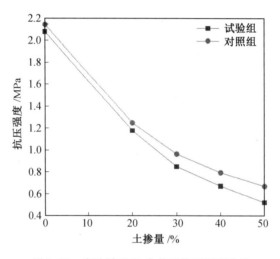

图3.10 冻融循环15次前后抗压强度曲线

因此,在实际工程应用中,需考虑冬季低温对泡沫轻质土性能的不利影响,因此应选择强度高于设计标准的泡沫轻质土材料进行改扩建路基修筑,并通过改善泡沫轻质土的孔结构,减少联通空隙比例来减少水的侵入,提升泡沫轻质土的抗冻性能。

3.5 泡沫轻质土窄幅拼接路基设计

3.5.1 一般规定

(1)泡沫轻质土路基设计分为结构设计、构造设计和附属工程设计。
(2)根据工程实际情况,分别确定泡沫轻质土密度和强度等级范围。
(3)泡沫轻质土最大填筑高度不应超过15 m,最小填筑厚度不应小于1 m,基底最小宽度不应小于2 m,横断面浇筑宽度不应小于路基设计宽度+0.5 m。

(4)二级及以上公路,应在路床中部和顶部至少分别设置1层镀锌铁丝网或钢塑土工格栅等增强材料。

3.5.2 泡沫轻质土路基设计

1. 材料要求

(1)泡沫轻质土的密度和抗压强度等级根据公路等级和填筑部位的不同,按表3.11取值。

表3.11 泡沫轻质土主要技术指标要求

路基部位		抗压强度 Q_c(MPa)及密度等级		流值 λ/mm
		高速公路、一级公路	二级及以下公路	
路床	特重及以上交通	≥1.0,D800		
	轻、中、重交通	≥0.8,D600	≥0.6,D550	190≥λ≥170
路堤		≥0.6,D550	≥0.6,D550	
原地面以下填筑		≥0.45,D400		

(2)地下水位以下应用泡沫轻质土,受到洪水淹没时,必须按JTG D30进行抗浮稳定性验算。

若进行防水措施设计,使用密度通过试验确定;若不做防水处理,使用密度应按饱和密度取值,强度设计指标应考虑强度衰减,衰减系数见表3.12。

表3.12 地下水位以下泡沫轻质土强度衰减系数

防水措施	防水处理			不做防水处理		
配合比参数(S/C)	0	3	5	0	3	5
强度衰减参数 K_q	0.9	0.95	1.00	0.85	0.90	0.95

(3)当泡沫轻质土应用于干湿交替或冻融循环环境中时,应对泡沫轻质土做干湿循环或冻融循环强度试验。

2. 路基结构力学计算

(1)轻质土路堤承载比验算。

轻质土路堤的承载比宜根据试验确定,无试验资料时,可按下式计算:

$$CBR = 0.035 q_u \tag{3.9}$$

式中 CBR——轻质土承载比;

q_u——轻质土抗压强度。

轻质土路堤的承载比应满足规范要求。

(2)轻质土路堤顶面抗压强度验算。

轻质土路堤顶面抗压强度应满足下式:

$$q_u = K\gamma_p h_p + \frac{KP(1+i)}{(w+2h_p\tan\theta)(l+2h_p\tan\theta)} \tag{3.10}$$

式中 K——安全系数,可取2~3;

γ_p——路面结构重度;

h_p——路面结构厚度;

P——车轮荷载;

i——冲击系数,可取0.3;

w——车轮轮带宽度;

θ——荷载扩散角度,可取45°;

l——车轮接触地长度。

(3)轻质土路堤自立高度验算。

泡沫轻质土路堤直立高度采用下式计算:

$$h_s = \frac{2c_1}{\gamma_1}\tan\left(\frac{\pi}{4}+\frac{\varphi_1}{2}\right) - \frac{q}{\gamma_1} \tag{3.11}$$

式中 h_s——轻质土自立高度(m);

c_1——轻质土黏聚力(kN);

γ_1——轻质土重度(kN/m³);

φ_1——轻质土内摩擦角(°);

q——路堤顶面荷载集度(N/m)。

轻质土抗剪强度指标宜采用直剪试验测试得到,无试验资料时,内摩擦角可采用20°~30°,气泡率高时取小值,黏聚力可按下式计算确定:

$$c_1 = \frac{q_u}{2\tan\frac{\pi}{4}+\frac{\varphi_1}{2}} \tag{3.12}$$

轻质土路堤自立高度宜大于轻质土路堤高度的2~3倍。

(4)整体滑动稳定分析。

路基整体滑动的滑动面可能经过轻质土[图3.11(a)],也可能不经过轻质土[图3.11(b)]。

整体滑动稳定分析宜采用圆弧滑动法,轻质土抗剪强度指标宜采用直剪试验测试得到。

路基整体滑动稳定安全系数应满足规范要求。

(5)抗浮稳定性分析。

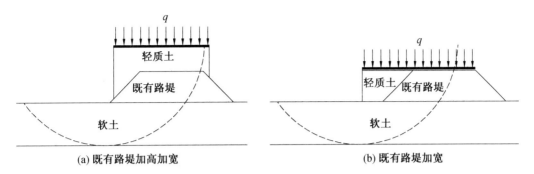

图 3.11 路基整体滑动的滑动面

路基地下水位或地表水位最大值高于轻质土底面时,应验算抗浮稳定性。抗浮荷载不应包括交通荷载。抗浮安全系数可采用下列公式计算:

$$F_1 = \frac{W_1 + F_a}{V_w \gamma_w} \tag{3.13}$$

式中 F_1——抗浮安全系数;

W_1——轻质土路堤重量(包括路面结构);

F_a——锚固装置对轻质土的竖向拉力;

V_w——水位以下的轻质土体积;

γ_w——水的重度。

轻质土路堤抗浮安全系数 F_1 不宜小于 1.2。

(6)当用于旧路扩建、斜坡路段路基、填挖交界处路基时,应做常规路堤开台阶处理并进行抗滑稳定性验算及抗倾覆验算(图 3.12),采用下式进行验算,安全系数不宜小于1.3。当抗滑或抗倾覆不满足要求时应采取抗滑措施。填筑软基路段时,应进行沉降验算。

$$F_s = \frac{M_1 + M_1 \cos\theta}{N_1 \cos\theta} = \frac{fW_1 + fW\cos\theta\cos\theta}{W_2 \sin\theta\cos\theta} \tag{3.14}$$

式中 M_1——沿水平面的抗滑力(kN);

M_2——沿斜坡面的抗滑力(kN);

θ——斜坡的角度(°);

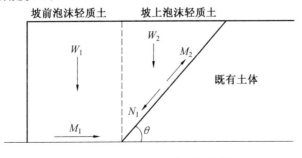

图 3.12 底面抗滑移安全系数计算图

N_1——坡面上泡沫混凝土沿斜面方向的滑动力(kN/m);
W_1——坡前泡沫混凝土的自重及路面荷重(kN/m);
W_2——坡面上泡沫混凝土的自重及路面荷重(kN/m)。

3. 施工过程中分区分块设计

水泥是泡沫轻质土的主要原材料之一,这决定了泡沫轻质土是一种胶凝类材料,具有凝结特性,如未能在初凝时间内完成浇筑,则形成大量的龟裂式剪切裂缝,内部孔隙结构遭到破坏,整体强度严重受损,故应进行浇筑分区,保证在初凝时间内完成泡沫轻质土的浇筑,理论上分区分层应满足下式:

$$A \leqslant \frac{Qt}{\Delta h} \tag{3.15}$$

式中 A——分区面积(m^2);
 Q——一个分区浇筑泡沫轻质土的速率;
 t——泡沫轻质土初凝时间(min);
 Δh——单次浇筑泡沫轻质土层厚(m)。

泡沫轻质土是一种具有多孔结构、自流平的现浇填筑材料,通过试验研究发现:当泡沫轻质土单层浇筑厚度较大时,其底部因泡沫的压缩变形,表观密度会出现增大的趋势,故采用分层浇筑,单层浇筑厚度不超过 1 m。同时,分层浇筑也符合混凝土薄层施工的设计理念,可有效减少水化热,保证泡沫轻质土浇筑质量,如图 3.13 所示。

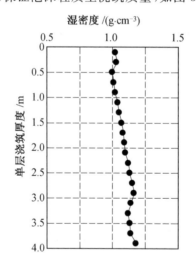

图 3.13 施工湿密度随深度变化曲线

通过大量的实践经验,总结了泡沫轻质土分区分块及施工过程中应满足如下要求。
(1)单个浇筑区顶面面积最大不应超过 400 m^2。
(2)单个浇筑区长轴方向长度宜为 10~15 m。
(3)泡沫轻质土的单层浇筑厚度,应控制在 0.3~1.0 m 范围。
(4)泡沫轻质土纵向上每大约 20 m 设置一道变形缝,变形缝采用 2 cm 厚的木夹板填塞。

(5)同一区段上下相邻浇筑层,当施工期气温不低于15 ℃时,最短浇筑间隔时间可按8 h控制;否则,浇筑间隔时间应不低于12 h。

(6)泡沫轻质土单个浇筑区浇筑层的浇筑施工时间应控制在2 h内。

(7)应沿浇筑区长轴方向自一端向另一端浇筑;如采用一条以上浇筑管浇筑时,则可并排地从一端开始浇筑,或采用对角的浇筑方式。

(8)浇筑过程中,当需要移动浇筑管时,应沿浇筑管放置的方向前后移动,而不宜左右移动浇筑管;如确实需要左右移动浇筑管,则应将浇筑管尽可能提出当前已浇筑轻质土表面后再移动。

(9)浇筑过程中,浇筑管出料口尽可能置于当前浇筑面以下。

(10)进行扫平表面时,应尽量使浇筑口保持水平,并使浇筑口离当前浇筑轻质土表面尽可能低。

(11)尽量减少在已浇完尚未固化的轻质土里来回走动。

(12)泡沫轻质土浇筑至设计标高后,泡沫轻质土顶面采用塑料薄膜进行覆盖保湿养护,仅当最后1层浇筑层同条件养护强度不小于7 d龄期设计强度时,方能进行后续工程的施工。

3.5.3 构造设计

(1)泡沫轻质土应沿路线纵向设置沉降缝,间距以10～20 m为宜;在与桥涵结构物相邻位置,应设置宽度1～2 cm的变形缝。

(2)当纵坡较大时,泡沫轻质土顶面应设置台阶,以适应坡度的变化(图3.14);浇筑泡沫轻质土路堤与原路堤纵向交界坡面宜缓于1∶1,否则原路堤应挖台阶,台阶宽度不宜小于1.0 m,台阶底面内倾2%～4%。土基台阶应密实、无松散物,台阶最大高度不应超过分层浇筑厚度。

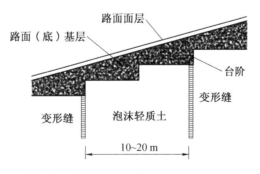

图3.14 路基纵断面顶面台阶设置示意图

(3)路基横坡设置通过泡沫轻质土上覆基层调整出三角垫层实现。

3.5.4 泡沫轻质土附属结构设计

1. 挡墙设计

因泡沫轻质土不能在大气中暴露使用,面板作为泡沫轻质土的主要附属工程,设置在泡沫轻质土外侧面。一般工程中,面板主要由水泥混凝土预制挡板、轻质砖、空心砖或装饰类砌块等砌筑而成。面板应选择合适的构造材料和断面尺寸,确保填筑安全、可靠耐久。

2. 内部局部加筋设计

为防止泡沫轻质土内部产生裂隙及避免裂隙贯穿泡沫轻质土,应对泡沫轻质土内部进行加筋,加筋设计主要通过铺设金属网实现,金属网并应符合下列规定。

(1)金属网可采用钢丝焊接而成,钢丝直径不宜小于3.2 mm,孔径不宜大于10 cm。

(2)在以下情况宜设置金属网。

①顶部有其他使用结构时,如公路现浇泡沫轻质土的路床部位,宜在泡沫轻质土填筑体顶部0.5~1.0 m的位置设置1~2层金属网。

②在填筑体高度方向底部形态有突变时,如陡坡地段或道路加宽地段,底部斜面有过渡台阶时,宜在台阶面及其上1 m的位置各设置一层金属网。

③当现浇泡沫轻质土填筑体总体成板状形态时(厚度小于1.5 m、平面面积超过100 m^2),应在内部设置两层金属网。

3. 变形缝设计

当泡沫轻质土填筑体在某一方向长度较大或底面形态有突变时,宜设置变形缝。缝的间距宜为10~20 m;变形缝可采用普通的木板或夹板,其厚度不宜超过2 cm。

4. 抗滑锚固设计

(1)在陡坡路段、滑坡路段或道路加宽的工况下,如现浇泡沫轻质土直立填筑高度超过5 m,应设置必要的抗滑锚固措施。

(2)抗滑锚固件宜采用镀锌水管,直径不宜小于DN20,长度不宜小于1 m。

(3)根据填筑体基床斜坡的坡度、是否可设置台阶等条件,锚固件可按1根/2 m^2、1根/4 m^{2}的密度布置,布置形式可为梅花形或矩形。

(4)锚固件进入基床斜面的垂直深度不应小于0.5 m。

5. 泡沫轻质土材料设计

泡沫轻质土的施工最小湿容重不应小于5.0 kN/m^3,施工最大湿容重不宜大于11.0 kN/m^3,流值宜为170~190 mm,材料设计步骤如下。

(1)根据设计要求确定泡沫轻质土施工湿密度R_{fw}。

(2)确定水泥浆配合比。

按下列公式计算水泥浆单方材料组成、湿密度:

第 3 章　泡沫轻质土在窄幅拼宽路基中的应用

$$\begin{cases} M_c = \dfrac{1}{Y} \\ M_f = \dfrac{\alpha}{1-\alpha} M_c \\ M_w = \dfrac{M_c}{b(1-\alpha)} \\ R_L = M_c + M_f + M_w \\ Y = \dfrac{1}{1\,000\,b(1-\alpha)} + \dfrac{1}{\rho_c} + \dfrac{\alpha}{1-\alpha} \dfrac{1}{\rho_f} \end{cases} \quad (3.16)$$

式中　M_c——每方水泥浆中水泥的质量；

　　　M_w——每方水泥浆中水的质量；

　　　M_f——每方水泥浆中掺合料的质量；

　　　R_L——每方水泥浆的质量；

　　　α——水泥浆中掺合料占固体质量的百分比；

　　　b——水泥浆中单位质量水中所包含固体的质量，则水灰比为 1∶b；

　　　ρ_c——水颗粒泥密度；

　　　ρ_f——掺合料颗粒密度。

(3) 确定泡沫轻质土配合比。

按下式计算泡沫轻质土配合比单方材料组成、气泡率：

$$\begin{cases} \lambda = \dfrac{R_L - R_{fw}}{R_L - \rho_a} \\ m_w = M_w(1-n_b) \\ m_c = M_c(1-n_b) \\ m_f = M_f(1-n_b) \end{cases} \quad (3.17)$$

式中　m_c——每方泡沫轻质土中水泥的质量；

　　　m_w——每方泡沫轻质土中水的质量；

　　　m_f——每方泡沫轻质土中粉煤灰的质量；

　　　R_{fw}——单方泡沫轻质土的施工质量；

　　　ρ_a——泡沫密度；

　　　n_b——泡沫轻质土泡沫率。

(4) 在确定水泥浆配合比时，水灰比参数 b 值宜取 1.3～1.6；粉煤灰掺量 α 不应大于 30%。

3.6 泡沫轻质土用于窄幅拼接数值模拟

3.6.1 泡沫轻质土道路工程应用原理

1. 基于轻质性的工程应用原理

现有高速公路改扩建路基拼宽差异沉降控制存在一些问题:主要是通过密实改变拼宽路基土结构力学特性,提高路基土变形模量,或者通过桩基提高附加应力影响作用的深度,减少路基变形沉降,由于附加应力的存在,因此无法彻底消除地基沉降。常规地基处理方法如图 3.15 所示。

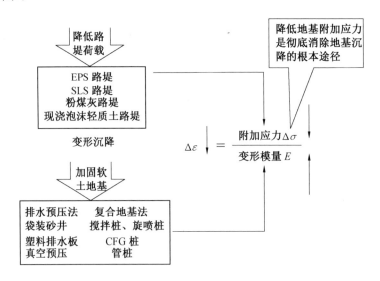

图 3.15 常规地基处理方法

泡沫轻质土常采用的重度为 $6\sim11$ kN/m³,最小可以达到 2.0 kN/m³。由于泡沫轻质土重度只有普通路基填料重度的 $1/3\sim1/2$,基于泡沫轻质土重度小的特点,路基上的应用如下。

采用泡沫轻质土作为填筑材料,以避免或减少地基处理费用、减少用地面积,如图3.16所示。路堤工后沉降、地基承载力满足规范要求时可以采用天然地基。为了避免地基处理,可以采用"补偿基础"的思路,采用泡沫轻质土填筑路堤的同时换填部分地基土。

轻质性可大幅降低软土地基的附加应力,降低附加应力作用强度及深度(原地面以上),并减少压缩层厚度,如图 3.17 所示。

如果土层中总应力小于前期固结压力,则地基沉降是土体再压缩造成的(图 3.18),

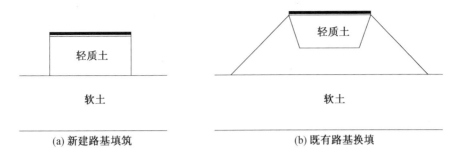

(a) 新建路基填筑   (b) 既有路基换填

图 3.16 基于重度小的应用

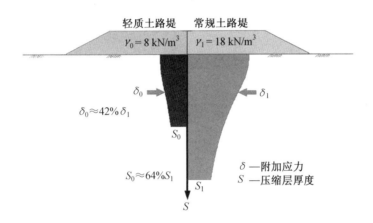

图 3.17 轻质土路基与常规土路基附加应力对比图

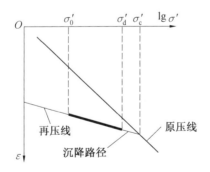

图 3.18 应力小于前期固结压力时的沉降路径

不但沉降小,而且沉降完成得快,大部分在施工期完成。

采用排水固结法处理或者未处理地基的路基工后沉降过大时,可以通过部分换填泡沫轻质土减少荷载,从而达到减少工后沉降的目的。

从某种意义上,对地基或既有路基换填泡沫轻质土可以看作是一种地基处理方法。

2. 基于轻质土胶凝特性的工程应用原理

泡沫轻质土属于胶凝性材料,用于路基填筑时,具有自稳高度大、无水平土压力、路基刚度大等工程特性。下面分别介绍各个工程特性及其应用。

(1) 自稳高度大。

泡沫轻质土自稳高度可以达到几十米,水平土压力为零。基于泡沫轻质土自稳高度大的工程应用如下。

①采用泡沫轻质土可以填筑直立边坡的路堤,从而有效减少用地,如图 3.19(a)所示。

②在桥台台后填筑泡沫轻质土可以有效减少桥台位移、桥台和桩身的弯矩等,如图 3.19(b)所示。

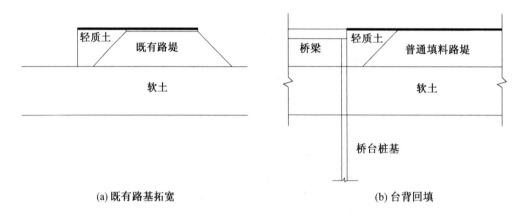

图 3.19　基于自稳高度大的应用

(2) 无水平土压力。

普通填料路堤下地基中水平附加应力由两部分组成,一部分是竖向荷载在地基中产生的水平附加应力,另外一部分是路堤填料中水平土压力在地基中产生的水平附加应力,如图 3.20 所示。这两部分水平附加应力均会降低地基承载力和路基稳定性,甚至可能导致胶结桩受弯断裂,进而引起路基滑塌。

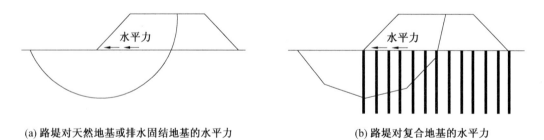

图 3.20　普通填料路堤水平力示意图

泡沫轻质土填筑的路堤只有自重对应的竖向荷载在地基中产生水平附加应力,没有水平土压力在地基中产生的水平附加应力,加之轻质土路堤竖向荷载小,因此地基中水平附加应力较小,地基承载力大,路基稳定性好。

(3)基于孔隙封闭的工程应用原理。

封闭孔隙降低了轻质土的渗透性,轻质土渗透系数量级为 10^{-5} cm/s;封闭孔隙有利于保持其重度稳定,重度为 10 kN/m³ 的轻质土浸泡 360 d 时饱水层厚度约为 29 mm。

由此可见,泡沫轻质土具有与混凝土类似的优点,又比普通土重度小,是轻质高强、施工性能好的填筑材料,见表3.13。

表 3.13 不同"土"的物理力学性质对比

项目	泡沫轻质土	普通土	混凝土
重度(kN·m^{-3})	6~11	19~21	24
颗粒黏结力	与混凝土接近	可以忽略不计	大
直立高度	与混凝土接近	不能长期直立	好
无侧限抗压强度/MPa	0.5~2	小于0.2	大于10
弹性模量/MPa	200~1 500	小于100	大于10 000
渗透性	中	大	小
施工性能	自流平,不需振捣,分层厚度大,效率高	需要碾压,分层厚度小,效率低	需要振捣,分层厚度小,效率低

3.6.2 京台高速改扩建济南至泰安段泡沫轻质土路基设计概况

(1)京台高速改扩建济泰段工程概况。

京台高速济南至泰安段起自济南市市中区,止于泰安市,现状技术标准为双向六车道高速公路,设计速度为 120 km/h。随着我国经济社会的快速发展,交通量增长迅速,道路拥堵现象日趋严重。

目前,京台高速山东境内的四车道路段,即德州(鲁冀界)至齐河(约 93.1 km)、泰安至枣庄(鲁苏界)(约 189.5 km)正在按双向八车道标准实施改扩建;京台高速山东境内的六车道路段(齐河至泰安段)拟实施改扩建,其中齐河至济南段(约 24.0 km)拟由六车道改扩建为十车道。

为满足日益增长的交通量需求,京台高速济南至泰安段采用交通部颁布的《公路工程技术标准》(JTG B01—2014)规定的双向八车道高速公路标准建设,设计速度为120 km/h,路基宽度为42 m;采用"两侧拼宽为主、局部路段改移中分带"的加宽方式;路基设计洪水频率为1/100;新建及拼宽桥涵设计汽车荷载等级采用公路－Ⅰ级,直接利用桥涵维持原有汽车－超20级、挂车－120级,拼接加宽的原桥涵其极限承载力满足公路－Ⅰ级;桥涵设计洪水频率为:特大桥1/300,大、中、小桥及涵洞1/100;地震动峰值加速度系数为0.05、0.10;交通工程及沿线基础设施按规定进行。

济泰高速路线经过区域的地貌类型主要为低山丘陵地貌单元,局部为山前倾斜平原地貌单元。勘探范围主要见第四系填土、黏土、粉质黏土、粉土、砂等;下伏基岩主要为奥陶系灰岩、泥质灰岩、斜长角闪岩、混合岩类片麻岩及花岗岩等。

由于京台高速济南至泰安段采用的"六改八"改扩建方式,单侧仅仅拓宽一个车道,对于填高大于6 m的路基段,由于单侧拼宽仅为3.25 m,场地空间不足,使得复合装网地基等无法实现,且作业场地空间有限,传统路基填料会使得路基增加过大的附加应力,引起填筑路基的压缩变形和过大的工地沉降。对于这些路段,应采用泡沫轻质土拼宽,边坡开挖台阶设置泡沫轻质土面板基础,并保证基础距边坡襟边宽度＞2 m,泡沫轻质土施工完成后需对基础外侧回填压实并在表面封闭10 cm厚C15混凝土。泡沫轻质土底设置30 cm厚碎石排水层,排水层上部及路床底部铺设一层复合土工膜。为加强旧路路基与泡沫轻质土的衔接,旧路基坑每隔1 m设置一根25 mm锚筋,深入旧路路基1.5 m。应用泡沫轻质土路基,可充分发挥泡沫轻质土高强、高填方段的路基填料作用,不仅具有显著的节约填料作用,还能有效减轻地基附加应力,减少地基处理费用,降低地基固结沉降量。

(2)京台高速济泰段泡沫轻质土拓宽路基标准断面。

京台高速济泰段泡沫轻质土拓宽路基横断面如图3.21所示,其中WB为旧路基宽度,H_1为第二级台阶高度,L为路床顶部开挖宽度,L数值根据《路面拼接设计图》计算,L_1为护壁基础开挖宽度,需根据护壁高度确定。在接长挡墙上采用泡沫轻质土拼宽,挡墙墙顶植筋,与面板基础浇筑为一体。

第3章 泡沫轻质土在窄幅拼宽路基中的应用

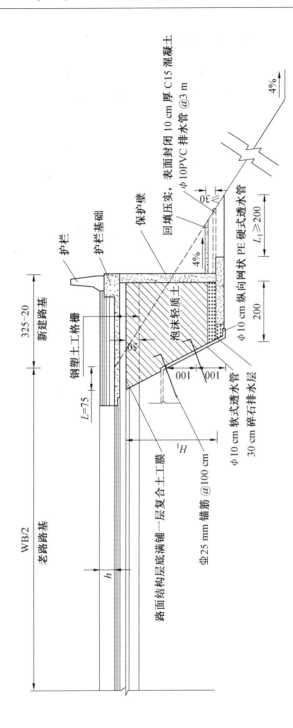

图3.21 济泰高速泡沫轻质土改扩建路基标准横断面

3.6.3 轻质土用于高速公路改扩建窄幅拼宽设计数值模拟

为进一步分析泡沫轻质土用于高速公路改扩建窄幅拼接的适用性,为工程设计提供结构优化思路,本节采用有限元方法,对泡沫轻质土路基不同拓宽宽度、填筑高度下路基应力、沉降进行分析,可为相关工程设计提供参考。

《公路路基设计规范》(JTG D30—2015)规定,高速公路改扩建路基拼宽设计的主要指标为路基沉降及整体稳定性,故本次数值模拟主要分析高速公路改扩建泡沫轻质土路基的沉降及整体稳定性。

(1)模型几何尺寸。

选取济泰高速殷家林—固山互通主线路基拼宽 7 m,纵断抬高 $h \leqslant 18$ cm 路段采用的泡沫轻质土拼宽设计图作为模型原型,根据现场施工图尺寸进行模型构建,具体如图 3.22 所示。

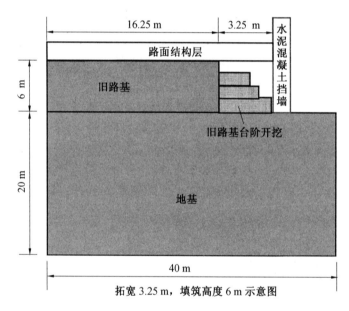

图 3.22 泡沫轻质土用于窄幅拼接工程示意图

(2)有限元原理及基本假设。

①有限元的基本原理。有限元法是根据变分原理求解数学问题的一种数值方法,理论基础是能量原理。利用最小势能原理或虚功原理,把求解的问题化为一个变分问题,再经过离散化得到有限元计算格式,这种方法称为位移法。另一种方法为力法,力法是以最小余能原理或余虚功原理为基础,基本未知量是应力的各个分量。此外,还有一种以位移分量和应力分量同时作为基本未知量的方法,称为混合法,其建立方法有两种:一种是以修正的余能原理为基础,除了在每个单元内假设平衡的应力场外,还沿单元的边界假定协调的位移场;另一种是按 Reissner 变分原理导出,其基础是在整个物体上假设连续的位移场,在每个单元内假定平衡的应力场。目前最广泛应用的一种方法是位移法,有限元的

原理知识在此不再赘述。

②路基岩土体本构模型。在路基路面共同作用有限元分析中,研究对象本构模型与接触单元模型的选取是分析结果可靠与否的关键。工程材料的本构模型有多种,如弹性模型、弹塑性模型、黏弹塑性模型、内时塑性模型、损伤模型等,每种模型又有许多具体的不同的本构模型函数。

线弹性模型基于广义胡克定律,是最简单的本构模型,其本构方程可表示为

$$\{\sigma\} = [D]\{\xi\} = [D][B]\{\xi\} \tag{3.18}$$

线弹性模型所包含的参数较少,只涉及两个独立的参数弹性模量 E 和泊松比 ν,并且这两个参数很容易从试验以及以往经验中获取,本章中桩体均采用线弹性模型。

实际工程中土的应力-应变关系是很复杂的,具有非线性、弹塑性、黏塑性、剪胀性、各向异性等性状,同时应力路径、强度发挥度以及土的组成、结构、状态和温度等均对其有影响。事实上没有任何一种模型能够适应于所有土类和加载情况。土的本构模型理论研究目前有两种倾向:一种是建立用于解决实际问题的实用模型;另一种是比较精细的理论模型,目的是为了进一步揭示土体应力-应变特性的内在规律。土的本构模型大体上可分为弹性模型、弹塑性模型、黏弹塑性模型、内时塑性模型以及损伤模型等几类。本章中土体采用 Mohr-Coulomb 模型。

Mohr-Coulomb 模型破坏和强度准则在岩土工程中的应用十分广泛,大量的岩土工程设计计算都采用了 Mohr-Coulomb 强度准则。该强度准则的模型特性如下。

a. 模拟服从经典 Mohr-Coulomb 屈服准则的材料;

b. 允许材料各向同性硬化或软化;

c. 采用光滑的塑性流动势,流动势在子午面上为双曲线形状,在偏应力平面上为分段椭圆形;

d. 与线弹性模型结合使用;

e. 在岩土工程领域,可用来模拟单调荷载作用下材料的力学性状。

Mohr-Coulomb 屈服准则假定:作用在某一点的剪应力等于该点的抗剪强度时,该点发生破坏,剪切强度与作用在该面的正应力呈线性关系。Mohr-Coulomb 模型是基于材料破坏时应力状态的莫尔圆提出的,破坏线是与这些莫尔圆相切的直线,如图 3.23 所示,Mohr-Coulomb 的强度准则为

$$\tau = c + \sigma \tan \varphi \tag{3.19}$$

式中 τ——剪切强度;

σ——正应力;

c——材料的黏聚力;

φ——材料的内摩擦角。

从莫尔圆可以得到以下关系:

$$\begin{cases} \tau = s \tan \varphi \\ \sigma = \sigma_m + s \sin \varphi \end{cases} \tag{3.20}$$

把 τ 和 σ 代入式(3.19),则 Mohr-Coulomb 准则可写为

$$s+\sigma_m \sin\varphi - c\cos\varphi = 0 \tag{3.21}$$

式中 $s=\dfrac{\sigma_1-\sigma_3}{2}$——大小主应力差的一半,即最大剪应力;

$\sigma_m=\dfrac{\sigma_1+\sigma_3}{2}$——大小主应力的平均值。

因此,和 Drucker-Prager 屈服准则不同,Mohr-Coulomb 屈服准则假定材料的破坏和主应力无关,典型的岩土材料破坏通常会受中主应力的影响,但这种影响比较小,所以,对于大部分的应用来说,Mohr-Coulomb 准则都具有足够的精度。在 π 平面上,Mohr-Coulomb 模型为等边不等角的六边形,屈服面存在尖角,如图 3.23 所示。

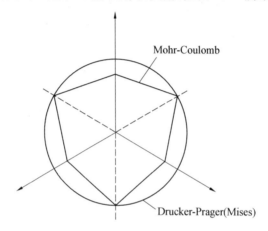

图 3.23 Mohr-Coulomb 模型示意

ABAQUS 采用的本构模型是经典 Mohr-Coulomb 屈服准则的扩展,采用 Mohr-Coulomb屈服函数,包括黏聚力的各向同性的硬化和软化,但该模型的流动势函数在子午面上的形状为双曲线,在平面上没有尖角,因此势函数完全光滑,确保了塑性流动方向的唯一性。

(3)有限元参数。

本章有限元模拟的参数主要来源于项目地质勘查资料以及室内试验。在本次数值模拟中,由于泡沫轻质土为混凝土材料,为脆性材料,故采用弹性本构模型;路基土和地基土则采用弹性和塑性模型中的 Mohr-Coulomb 模型。

在数值模拟过程中,弹性材料需要输入密度、弹性模量、泊松比等物理力学参数,弹塑性材料则需在弹性材料输入参数基础上,增加黏聚力、内摩擦角、膨胀角等。通过工程调研及室内试验,可得参数见表 3.14。

表 3.14 有限元分析所需物理参数

材料		弹性模量/MPa	泊松比	容重/(kN·m^{-3})	黏聚力/kPa	内摩擦角/(°)
旧路基	路基	24.2	0.4	22	5	35
新路基	泡沫轻质土	175	0.25	6	500	5
	基床表层	190	0.4	20	5	40
	基床底层	150	0.4	23	5	35
	挡墙	30 000	0.2	26	—	—
地基/持力层		20	0.33	20	38	19.5

(4)荷载及边界条件。

在有限元仿真过程中,需要对模型边界条件进行准确设置,否则会造成矩阵单元的歧化,导致计算结果不收敛。为了准确分析泡沫轻质土用于窄幅拼接的适用性,使得结果更加准确,对路基边界条件约束如下。

对于承载地基沿高度方向左右两边位移设置为 $U=0$,对于地基底部,则水平方向、垂直方向位移均设置为 0,即 $U_1=0, U_2=0$。

边界条件设置完毕后,将进行模型装载工作。模型的荷载一部分为路基自重荷载,另一部分为交通荷载。在自重分析步骤里创建自重荷载,然后施加交通荷载。交通荷载分为两个部分,一是 10.5 kN/m 的均布荷载,二是 180 kN 的集中力。

交通荷载状况如图 3.24 所示。

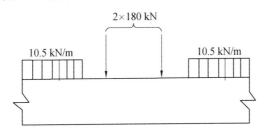

图 3.24 交通荷载分布图

以上步骤完成后,提交 JOB,开始分析。

(5)计算结果分析。

①拓宽宽度对路基沉降的影响。固定泡沫轻质土填高高度 6 m 不变,分析拓宽 2 m、3.25 m、4.5 m、5.75 m 对路基沉降的影响,结果如图 3.25 所示。

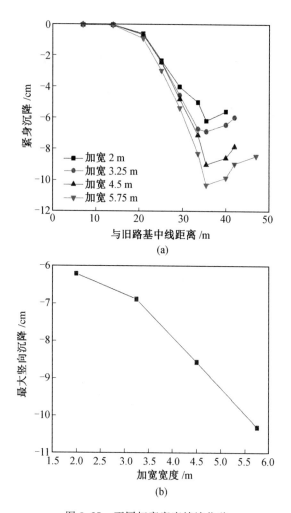

图 3.25 不同拓宽宽度挡墙位移

由图 3.25 可知,随着泡沫轻质土拼宽路基宽度的增加,路基顶面最大沉降发生于新旧路基拼接处,路基顶面沉降逐渐增大。其中,加宽宽度由 2 m 增加到 3.25 m 时,路基沉降量变化不大,增大了 6.3%;当拼宽宽度由 3.25 m 增加到 4.5 m 时,路基沉降明显增加,增大了 31.2%;当路基宽度由 4.5 m 增加到 5.75 m 时,沉降变化不大。

②不同拓宽宽度对挡墙变形的影响。为分析不同泡沫轻质土拼宽下挡墙变形情况,固定泡沫轻质土拼宽路基高度 8 m 不变,分析拓宽 2 m、3.25 m、4.5 m、5.75 m 对挡墙变形的影响,结果如图 3.26 所示。

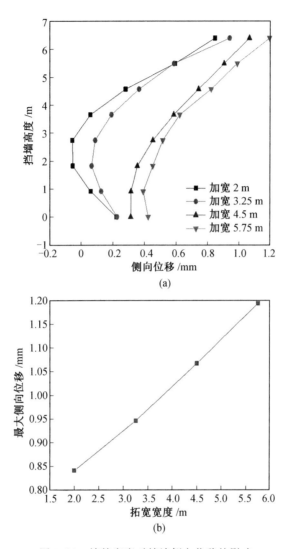

图 3.26 填筑宽度对挡墙侧向位移的影响

由图 3.26 可知,在加宽宽度不变的情况下,挡墙变形沿挡墙高度方向呈现出先增大后减小的规律,随着加宽宽度的增加,挡墙变形沿高度方向逐渐变缓,最大位移逐渐增大,最大位移均发生于挡墙最高处。

③填筑高度对沉降的影响。为研究不同加高高度,固定路基宽度 3.25 m 不变,分别填高 3 m、5 m、8 m、10 m、15 m,分析不同加高高度下路基顶面沉降,结果如图 3.27 所示。

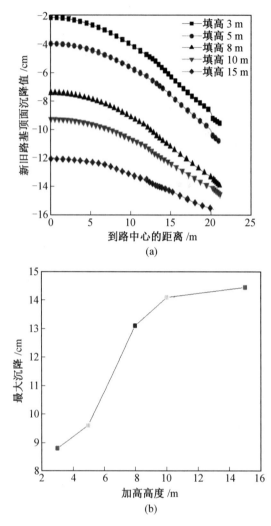

图 3.27 不同加高高度下路基顶面沉降

由图 3.27 可知,随着加高高度的增加,路基沉降量沿横向逐渐增大,且加高高度越大,沉降沿横向增加越明显;随着泡沫轻质土拼宽路基的高度增加,最大沉降逐渐增大;当泡沫轻质土拼宽路基由 3 m 增加到 5 m 时,路基最大沉降增大了近一倍,且随着泡沫轻质土拼宽路基高度的增加,沉降增长速率变大。

④填筑高度对新旧路基侧向变形的影响。不同填筑高度下新旧路基顶面侧向变形如图 3.28 所示。

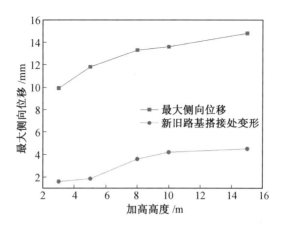

图 3.28 不同填筑高度下新旧路基顶面侧向变形

由图 3.28 可知,随着填筑高度的增加,新旧路基搭接处的侧向变形和路基顶部最大侧向变形均增大,且填筑高度大于 8 m 时,填筑高度对新旧路基搭接处变形及路基顶面最大变形影响逐渐减弱。

后续将会进行不同填筑高度下,泡沫轻质土拼宽路基沉降特性、侧向位移分析,形成泡沫轻质土路基窄幅拼接优化参数。

3.7 泡沫轻质土路基施工工艺及质量控制

自 2002 年由国外引进泡沫轻质土技术后,泡沫轻质土由于其独特的物理力学性能,已被广泛应用于紧急抢险、减载换填、桥背回填、软基处理等实体工程。但目前一些施工队伍为追赶施工进度,施工队伍管理不严,施工过程中总是出现各种问题。如施工时没有按单次最高浇筑厚度、分层检测施工;用料没有把好质量关;排水措施没有做好;垫层压实度没有达到要求等,这些人为因素使泡沫轻质土换填普通填土路基后的效果大打折扣,甚至没有起到应有的作用,导致经济效益不佳。为此本节结合现场实际情况就现浇泡沫轻质路基施工工艺进行研究分析。

3.7.1 施工准备

1. 下承层准备

经研究表明,在没有垫层的情况下泡沫轻质土路基底部将有明显的架桥作用,对泡沫轻质土路基受力不利,增大垫层厚度可以使"路基+垫层"底部表现出较低的刚度,减小架桥作用;垫层施工完成后,应铺设防渗土工布,防渗土工布为机织土工布,渗透系数小于 10 cm/s。设置横向地下排水渗沟,外侧再设一层渗水土工布,以排除泡沫轻质土周边土渗入的水,并由设在底部的碎石渗沟排出,渗沟的水由 PVC 管排出。

2. 泡沫轻质土配合比设计

在进行泡沫轻质土路基施工前,应按照设计要求对泡沫轻质土配合比设计及其强度、容重、流值等进行现场试验验证。试配试验时,首先应对原材料进行抽样复检,不得使用不合格的材料。其次,应对轻质土容重、流值和消泡等进行试验检测,并认真填写检测记录表,当试验满足要求时,应制取试件并进行养护,当试验结果无法满足要求时,应重新进行试配试验。

3. 确定施工参数

施工前应结合自身设备生产能力、施工缝布置间距、路基宽度及高度,确定轻质土浇筑区域面积、单次浇筑高度等。浇筑面积和单次浇筑高度确定后,组织搭设临时模板(可采用建筑用木模板(壳子板)),依序铺设底层防渗土工膜及基底和路床底部钢丝网,铺设金属网及安装模板时,应尽量避免使用锚固木桩及锚固钉,当发现土工膜有破损时可以用水玻璃对土工膜进行修补或进行更换,为浇筑施工做好相关规划。

4. 浇筑区清扫

浇筑泡沫轻质土前,应清扫浇筑区内杂物,尤其应清扫基底的积水、杂物等,当在地下水位以下浇筑时,应有降水、防水措施,不得在浇筑区域内壁或基底有积水的状态下浇筑施工。

5. 施工设备

泡沫轻质土的现场制作、输送与浇筑,应采用专用施工设备,且应满足以下要求。

(1)电控系统具有发泡剂、发泡液、压缩空气、泡沫、水泥浆、泡沫轻质土流量实时数显功能,且应集中显示于触摸屏或平板电脑上。

(2)泡沫制备、水泥浆输送、泡沫轻质土制备与输送的产能应满足表3.15要求。

表3.15 设备产能要求

项目	产能/$(m^3 \cdot h^{-1})$	备注
泡沫制备	≥60	单套发泡装置产能
水泥浆输送	≥30	单台水泥浆输送泵产能
泡沫轻质土制备与输送	≥90	单台轻质土输送设备产能

(3)泡沫轻质土生产设备应具备原材料自动计量功能,其计量偏差应符合表3.16要求。

表3.16 泡沫轻质土生产设备材料计量偏差

项目	计量偏差
水泥、掺合料	±2%
细集料	±3%
水、外加剂	±2%
泡沫剂	±2%

(4)电控系统应具有泡沫密度、水泥浆湿密度和泡沫轻质土湿密度实时数显功能,且

应集中显示于触摸屏或平板电脑上,如图 3.29 所示。

(5)发泡装置应具有发泡剂自动稀释功能。

(6)水泥浆输送泵必须为定流量泵。

(7)严禁采用泡沫混凝土或发泡水泥设备替代泡沫轻质土专用设备进行施工。

(8)水泥浆的制作应采用专业拌和站,严禁使用小型搅拌机。

图 3.29 泡沫轻质土生产设备控制中心

3.7.2 施工工艺流程

泡沫轻质土路基现场施工工艺流程(图 3.30)如下:基层清理→架立模板→浇水湿润→泡沫轻质土浇筑→包边土施工→轻质土顶部混凝土保护板施工→养护→检验和成品保护。(包边土施工与轻质土浇筑可交替进行)

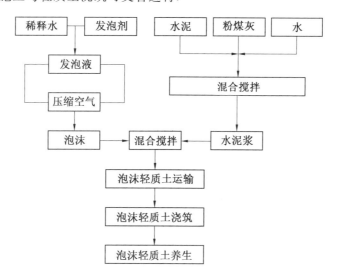

图 3.30 泡沫轻质土施工工艺流程图

其中泡沫轻质土生产过程主要包括以下四个步骤。(1)制备泡沫;(2)制备水泥浆或水泥砂浆;(3)泡沫与水泥(砂)浆的混合搅拌即泡沫轻质土的生成;(4)泵送泡沫轻质土至现场浇筑施工。

3.7.3 施工要点

1. 泡沫轻质土路基垫层施工

(1)同一水平层的路基垫层全宽必须采用同种填料,对于不同填料,可分层、分段进行填筑压实,不得混合填筑。每种填料的压实厚度不宜小于 600 mm,填至垫路基最后一层时,压实厚度不宜小于 150 mm。

(2)每种填料的松铺厚度需事先通过现场试验进行确定。

(3)垫层填筑层压实后的宽度宜宽于设计宽度 0.5~1.0 m。

(4)当原地面纵坡较大(大于 10%或横坡陡于 1∶5)时,应开挖台阶,设置坡度不小于 3%、坡向向内、宽度不小于 2 m 的台阶。

(5)压实机械对土进行碾压时,一般以慢速效果最好,压实速度以 2~4 km/h 最为适宜。压实一般由低向高进行碾压,两行之间的接头一般应重叠 1/4~1/3 轮迹。

2. 泡沫轻质土施工

(1)输送方式。

搅拌完成后,可采用泵送管或直接泵送的方式输送泡沫轻质土混合料。泡沫轻质土混合料不应使用预拌混凝土车和翻斗车进行输送,这主要是考虑到若采用预拌混凝土车和翻斗车进行输送,泡沫轻质土中的气泡会由于振动导致泡沫消解程度的增加,进而导致泡轻质土材料配合比发生改变,轻质土容重、流动性、强度等也难达到预期的效果。因此,最好使用泵送管进行输送,如图 3.31 所示。

图 3.31 泡沫轻质土现场泵送

(2)输送距离。

就泡沫轻质土现阶段的材料配合比而言,为保证泡沫轻质土的施工稳定性,确保混合料不发生离析,泡沫轻质土容重、流动性、强度等应能够达到预期要求,允许的单级配管泵送最大单级输送距离为 500 m。如果输送距离超过 500 m,可在施工过程设置中转泵送装置或把泡沫轻质土放置到最后一级泵中进行输送。

(3)分层分块。

为避免浇筑过程中底部轻质土容重增加,预防大体积泡沫轻质土进行浇筑时产生的温缩裂缝等现象,浇筑泡沫轻质土施工过程中,必须采用分层分块浇筑的方式,并且上下层进行浇筑时,应掌握好两层轻质土浇筑时间间隔,应在下层轻质土终凝后才能进行上层轻质土浇筑施工,不因盲目追求施工进度而上下两层同时进行浇筑。进行泡沫混凝土分层分块时应注意避免断面过于扁长,进而使得路堤的刚度因尺寸效应而减小,导致不均匀沉降累计发生。施工现场分层、分块浇筑泡沫轻质土如图 3.32 所示。

图 3.32 施工现场分层、分块浇筑泡沫轻质土

①分层浇筑。泡沫轻质土在固化前由于自身重力对土体内气泡具有压缩作用,会出现不同程度的消泡现象,且气泡的压缩和消解随着泡沫轻质土单次浇筑高度的增加而增加。这一现象造成底部的轻质土容重略大于上部;且单次浇筑层厚度越大,二者的差值越明显。底层泡沫轻质土的密度越小(气泡含有率越高),底部泡沫轻质土容重的增加幅度越大。因此,在利用泡沫轻质土作为减载材料时,为保证其密度的轻质性,应合理控制泡沫轻质土单次浇筑高度。一般单次浇筑层高度以不超过 1 m 为宜,但同时为了减少施工工序,减少由于施工过程中造成断面尺寸效应,单次浇筑层高度一般不宜小于 0.3 m。泡沫轻质土相邻层的浇筑时间间隔以不小于 8 h 为宜。

②分块浇筑。由于泡沫轻质土属于水泥类材料,进行大体积浇筑时势必会产生一定的温度裂缝现象,为减小裂缝数量,防止泡沫轻质土出现断裂现象,在泡沫轻质土路基施工时需进行分块浇筑,各块体之间可用木模板等支撑结构进行划分,模板与泡沫轻质土之间需用泡沫塑料板进行填充,并且每块体的最大浇筑面积应根据自身设备产量、浇筑厚度和水泥初凝时间等确定,保证泡沫轻质土在水泥初凝前浇筑完成。同时,为了减少施工工序,减少由于施工过程中造成断面尺寸效应,在进行泡沫轻质土现场施工段划分时一般应符合下列规定。

a. 单块填筑区填筑面积最大不得超过 400 m²。

b. 单块填筑区长轴方向长度以 15~20 m 为限。

③保护壁或模板。由于泡沫轻质土具有良好的流动性,为保证泡沫轻质土路基成型,需采用泡沫塑料板、钢(木)模板结合的方式防止未固化的泡沫轻质土溢出。泡沫塑料板不仅可以作为很好的支挡模板,而且可作为轻质土变形缝间的填充,对减小泡沫轻质土内部应力有很好的效果,一般不允许抽掉。钢(木)模板与地基之间缝隙要求密实、不漏浆。此外,为了防止模板出现偏移及上浮现象,可采用纵、横肋柱进行加固防护,纵、横肋柱之间的连接应牢固可靠。总之,为了工程能够达到预期效果,必须确保保护壁或模板有足够的强度及稳定性,保证施工过程中不漏浆或者少漏浆。保护壁施工如图 3.33 所示。

图 3.33 保护壁施工

④浇筑方法。泡沫轻质土路基施工过程中,其浇筑方法至关重要,只有正确的浇筑方法才能保证取得良好的工程效果。为防止气泡消解、混合料出现离析,保证泡沫轻质土稳定性,施工过程中应尽量减小振动,将对泡沫轻质土的扰动降到最低;浇筑时输送软管的前端要埋入已浇筑的泡沫轻质土中或尽量贴近泡沫轻质土的表面,输送软管的出料口离浇筑面的高度应小于 1 m。整个分段填筑区域应水平分层进行浇筑,上一层泡沫轻质土的填筑应在下一层泡沫轻质土终凝后进行,如图 3.34 所示。

图 3.34 泡沫轻质土现场浇筑

⑤纵横坡调整。由于泡沫轻质土流动性较大，施工过程中无法按照路基设计坡度要求进行施工。此外，在泡沫轻质土固结硬化后，若车辆荷载或机械荷载也直接作用在泡沫轻质土顶面，过大的压力势必会损坏泡沫轻质土表面。因此，在泡沫轻质土路基施工完成后，通常采用C25现浇混凝土作为泡沫轻质土路基的调平层兼作保护层，混凝土最小厚度为10 cm。混凝土需要布设钢筋网。为与后续施工的路面有很好的黏结，调平层表面宜进行拉毛处理。

（4）养护。

泡沫轻质土进行施工时，虽然不强调每浇筑一层都采取特别的保护措施，但对于路床部位的泡沫轻质土，为了避免由于急速干缩而产生裂缝，泡沫轻质土浇筑完成后，应覆盖塑料薄膜或无纺土工布进行不小于7 d的保湿养护；泡沫轻质土的养护也可采取洒水养护、薄膜覆盖养护、土工布覆盖养护、草帘覆盖养护等养护方式，宜结合工程实际情况选择适宜的方式。气温较低时应注意填筑体的保温，防止冻伤。此外，若施工中突遇降水，对未固结硬化的泡沫轻质土表面应立即采取必要的遮雨措施，防止由于雨水进入，造成轻质土气泡的消泡及配合比的改变；对无法及时进行遮蔽的泡沫轻质土，应将浸泡过的部分进行铲除清理，以免影响工程整体质量。泡沫轻质土养护期间应禁止非施工车辆通行。泡沫轻质土现场养护如图3.35所示。

图3.35 泡沫轻质土现场养护

3.7.4 泡沫轻质土路基施工质量控制

1. 开工前的原材料检验

(1)现浇泡沫轻质土所采用的水泥应达到以下要求。

①细度、凝结时间、安定性及强度满足国家规范要求；

②水泥密度不低于2 700 kg/m³；

③严禁采用结块、变质、失效的水泥。

(2)现浇泡沫轻质土所使用的发泡剂应进行性能检验，且应满足消泡试验确定的湿密度增加率不超过10%的标准，标准沉陷距不超过5 mm。

(3)现浇泡沫轻质土主要原材料进场必须出具出厂合格证,并按规范对其安定性、凝结时间、抗压、抗折强度做进场检验,见表3.17。

表 3.17 主要原材料检验

原材料	检验项目	检验方法	检验频率
水泥	比表面积	GB/T 8074—2008	1 次/1 000 t
	经过 80 μm 筛筛余的量	GB/T 1345—2005	
	凝结时间	GB/T 1346—2001	
	安定性	GB/T 1346—2001	
	强度	GB/T 17671—1999	
	水泥密度	GB/T 208—1994	
发泡剂	稀释倍率、发泡倍率、标准泡沫密度、标准泡沫泌水率	GJJ/T 177—2012	1 次/8 000 m³ 轻质土
	湿密度增加率、标准沉陷距	GTT/T 177—2012	1 次/8 000 m³ 轻质土

(4)现浇泡沫轻质土路基所使用的土工织物、复合土工布应符合国家相关规范的要求,进场应出具出厂合格证,但可不做进场检验。

(5)泡沫轻质土中的拌和水一般主要为饮用水或其他不影响泡沫稳定性、泡沫轻质土强度和耐久性的城市用水。

2.过程质量控制

施工过程质量控制指标及检测频率见表3.18。施工现场检验如图3.36所示。

表 3.18 过程控制指标

控制指标	允许偏差	检测频率
湿重度	±2 kN/m³	每一区段每一浇筑层自检 2 次,抽检 1 次
流值	±5 mm	每一区段每一浇筑层自检 2 次,抽检 1 次

图 3.36 施工现场检验

3. 固化后的试验检测

(1)泡沫轻质土固化硬化后试验测试指标通常为无侧限抗压强度。

(2)泡沫轻质土路基以每浇筑 1 000 m³ 为单位抽取一组抗压强度试件(3 个试块),试块可使用塑料薄膜密封,并置于 20~25 ℃ 条件下养护,28 d 后检测其无侧限抗压强度,如图 3.37 所示。

(3)抗压强度检测试件应在搅拌点、现场浇筑出料口分别抽取,取样时应分别测量并记录试件容重,当测量结果偏差较大时以施工现场出料口为准。

图 3.37 施工现场抗压强度试块

4. 泡沫轻质土实测项目

(1)现浇泡沫轻质土路基工程实测项目中的关键项目为湿密度、抗压强度和路床顶面弯沉。

(2)对于湿密度施工检测,检测频率为每一浇筑层检测 6 次,对于路基质量检验,检测频率为施工检测的 20%。湿密度合格标准为不超过设计值或规定值范围。

(3)抗压强度施工检测及路基质量检验频率为 400 m³ 检测 2 组(不够 400 m³ 按 400 m³ 考虑),合格标准为:①7 d 龄期强度不低于 0.5 倍设计值或规定值;②当无法满足条件①时,则需满足 28 d 龄期强度不低于设计值或规定值。

(4)泡沫轻质土的外观质量应符合下列规定:泡沫轻质土表面不得出现宽度大于 2 mm 的非受力贯通缝,见表 3.19。

表 3.19 泡沫轻质土检测标准

项次	检测项目		规定值或允许偏差	检测方法和频率
1	△抗压强度/MPa	距路面底面距离/m		2 组/400 m³ 轻质土
		0~1.2	7 d 强度>$0.5q_2$; 28 d 强度>q_2	
		>1.2	7 d 强度>$0.5q_1$; 28 d 强度>q_1	
2	△施工湿密度		在规定值或设计范围内	每一浇筑层不少于 6 次

续表 3.19

项次	检测项目	规定值或允许偏差	检测方法和频率
3	△弯沉(0.01 mm)	7 d 弯沉不大于 1.5 倍设计值；28 d 弯沉不大于设计值	按《公路工程质量检验评定标准》
4	轻质土路基顶高程/mm	+10,−15	水准仪：每 20 m 测 1 点
5	轴线偏位/mm	20	全站仪：每 20 m 测 1 点
6	宽度/mm	不小于设计值	米尺：每 10 m 测 1 点

注：表中 q_1、q_2 分别为路堤、路床部位抗压强度规定值或设计值；△表示关键项目。

(5)现浇泡沫轻质土路基实测项目中的一般项目为路床顶面高程、轴线偏位、宽度。一般项目的检查方法、检查频率及合格标准与《公路工程质量检验评定标准》中土方路基的规定相同。

3.8 本章小结

本节以京台高速济泰段改扩建路基窄幅拼宽现浇泡沫轻质土工程为研究载体，结合现场施工，总结了一整套泡沫轻质土的施工准备、施工工艺及方法、施工工序、施工要点以及施工质量检测与控制的完整施工技术。针对一些现场施工工艺流程和主要工序、施工方法进行了详细的阐述。泡沫轻质土在改扩建路基拼宽施工中的应用具有以下优势。

(1)在现场施工时，无须进行整平碾压，填筑方式灵活，可直接在原路基边坡线内开挖填筑，不需放坡加宽路基、破除原有排水设施，工期显著缩短。

(2)不受雨季影响，在雨季的停雨间隙可照样施工，保证了原有交通的正常运营；采用管道泵送施工，无须施工便道。

(3)施工质量易于控制，施工便捷高效，可垂直填筑，占地面积小，避免征地或拆迁，既节约了成本，又绿色环保。

(4)通过采用分层分块浇筑泡沫轻质土，严格控制上下浇筑层的间隔时间，能够很好地控制水泥类材料由于大体积施工时造成的温缩裂缝现象。

(5)运营期间，路基安全稳定，拼宽侧未发生路基失稳、侧移现象，路面平整度良好。

第4章　高速公路改扩建多源固废流态化回填窄幅拼宽技术研究

在高速公路改扩建过程中,有的高速公路由于远景交通量增加较少,只进行了单车道拓宽,比如作为国内首条国高网"六改八"改扩建高速的京台高速济南至泰安段,其道路拓宽幅度窄,存在空间受限、施工作业面窄等因素,故无法使用大型机械进行碾压施工,导致压实度很难达到设计要求,从而造成回填变形、沉陷等病害。

流动化施工技术是一种在施工过程中(回填过程中)使回填材料产生流动效应进行填充的施工技术。经过对回填材料的流动化处理,可以实现填筑的自流平、自密实效果,避免了对常规回填材料的压实作用。

本章以京台高速公路改扩建济南至泰安段工程为依托,进行了流态化窄幅拼接技术研究,流态化拼接材料包括多源固废流态化处理材料等,用于窄幅拼接工程建设中出现的开挖回填。采用流动化施工技术把多源固废用于回填工程中,不但大大提高了固废材料的再生利用率,而且施工工艺简便易行,不需要专门的施工机械设备,工程造价较低,易于推广应用,同时也避免了由于压实质量差造成各种病害的发生。

4.1　概　述

高速公路改扩建关键是降低新旧路基的差异沉降。解决新旧路基差异沉降的手段有很多,流态化轻质材料由于具有轻质性、强度和密度可调节、直立性好、硬化成型快以及施工简便等优点,因此采用轻质材料拓宽路基是控制差异沉降的有效手段之一。实现轻质路基新材料的规模产业化,对经济高效的道路改建拓宽有重要意义。另外,京台高速济泰段属山岭区,道路沿线往往沟谷纵横、地势复杂,地形起伏变化较大,道路通常以高填深挖通过,存在较大的开挖交界面,而且道路纵横坡度较大。因此,山岭重丘区道路同样存在差异沉降问题,而且更为突出。轻质路基由于其轻质性,可以大幅降低填土荷重,降低道路不均匀沉降。

同时,随着工业化进程的不断深入,产生的工业废弃材料也逐渐增多。典型工业固体废物是指对环境和安全影响较大的固体废物,主要包括:赤泥、铁矿尾渣、煤矸石、粉煤灰、冶炼渣、工业副产石膏等。目前,我国大宗工业固体废弃物多采用堆存覆土的处置方式,既占用土地,浪费资源,又易造成环境污染和安全隐患。

开发利用赤泥(烧结法)、生物质灰渣等固体工业废弃料作为道路工程流态化填筑材料,将其规模化应用于公路工程建设中,是实现大宗工业固废规模化、减量化、资源化消耗与利用的有效途径之一,符合国家环境保护政策和低碳经济的基本原则,对促进环境保护和经济社会可持续发展具有重大意义。

本项目依托的京台高速公路济泰段改建拓宽工程,其走向沿泰山山脉,沿线地形起伏变化较大,在短距离内存在较大高差,由于同时存在这两方面问题,因此较易发生新旧路基间较大的不均匀沉降。为了确保改扩建项目的顺利开展,同时降低工程造价,须通过研发有效降低新旧道路差异沉降的流态化回填材料;同时采取合理的技术措施、提出相应的路基改扩建应用技术方案,以减轻路堤自重、控制路基的纵横向差异沉降,保证复杂地形条件下路基改扩建的安全稳定。

本项目的研究成果,可用于科学、合理地指导高速公路改扩建窄幅拼接项目,提高公路的使用寿命,节约养护费用。

4.2 固体工业废弃料的基本性质

4.2.1 烧结法赤泥基本性质

在炼铝过程中,首先在原料铝矾土中配合一定量的纯碱和石灰(或石灰石),然后在回转窑内经高温煅烧制成以铝酸钠为主要矿物的中间产品(即铝酸钠熟料),再经溶解、结晶、焙烧等工序制取氧化铝,溶解后分离出的浆状废渣便是烧结法赤泥。

1. 矿物组成

烧结法氧化铝工艺,主要采用高硅铝土矿掺加纯碱、石灰煅烧(1 200~1 300 ℃高温),碱溶进行固液分离,提炼。因此,烧结法赤泥中的矿物主要来源于熟料高温反应形成的不溶性矿物和溶出过程的水化、水解产生的衍生物、水合物以及二次副反应所形成的新生矿物。矿物组成中有很大部分的硅酸二钙,因而它本身具有一定的胶凝性能。

烧结法赤泥矿物组成的X-衍射图(图4.1)揭示的主要矿物组成有β-硅酸二钙、霞

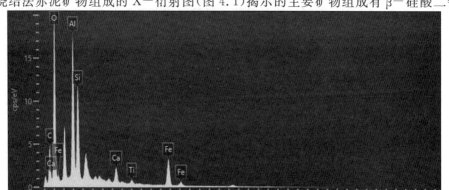

图 4.1 烧结法赤泥的 X-衍射图

石、方解石、α型水化氧化铝和铝酸三钙等。以β-硅酸二钙为主,其次是氧化钙和二氧化硅。霞石或方解石是由于氧化铝生产流程中加入生石灰和通入CO_2的煅烧结果。另外,X衍射分析中还有一些矿物相没有显示其特征谱,如$Al_2O_3 \cdot nH_2O$和$SiO_2 \cdot nH_2O$,$Ca(OH)_2$、FeS(或FeS_x)、$Al_2O_3 \cdot CaCO_3 \cdot nH_2O$、$Na[Fe_2S_4(OH)_2] \cdot 4H_2O$等。这是因为有的含量太少,有的呈胶状矿物,也有的是谱线重叠难以分辨。

研究表明,不同堆放时间的赤泥中的矿物组成也有一定的区别。在新鲜的烧结法赤泥中,针铁矿与胶体$Fe(OH)_3$并存,而FeO则以菱铁矿($FeCO_3$)的形式存在。随着堆存时间的延长,$\beta-2CaO \cdot SiO_2$特征谱越来越不明显,二霞石谱线则有增加趋势,其他矿物谱线没有显著变化。

2. 化学组成

烧结法赤泥的主要化学元素有Ca、Si、Al、Fe、Na、Ti和少量的Mg、K、S,其他元素含量很少;因具有氧化钙、二氧化硅含量较高的特点,并多以硅酸二钙形式存在,能够通过水化反应产生活性,多用于生产建筑材料。

由于原料和烧结工艺不同,烧结法赤泥分为普通赤泥和富矿赤泥,基本化学成分见表4.1。烧结法赤泥中含有大量的TiO_2、Al_2O_3、Fe_2O_3和Na_2O等有价金属化合物,尤其富矿赤泥中含有较高的TiO_2(12.44%),是铝土矿所含金红石、锐钛矿的化学成分,具有很强的化学惰性。富矿赤泥中Fe_2O_3含量也较普矿赤泥高,达到21.02%。这是由于天然铝土矿中所伴生的黄铁矿(FeS)氧化水解后形成胶体$Fe(OH)_3$沉淀物。$Fe(OH)_3$胶体在强碱性和加热条件下性质不稳定,趋于转化为针铁矿$FeO(OH)$。普矿烧结法赤泥中CaO和SiO_2含量最高,约占60%。普矿烧结法赤泥中的$CaCO_3$和SiO_2沉淀和结晶不仅构成了赤泥粗粒部分,并因其结晶而产生胶结作用。这是与其共生的高岭石在制铝过程中化学分解后游离出的SiO_2并在强碱环境下形成水蛋白石($SiO_2 \cdot nH_2O$)和硅酸钠(Na_2SiO_3),它们在赤泥老化和硬化过程中产生不可逆的胶结作用。Al_2O_3为9.6%,为铝土矿制取$Al(OH)_3$后残存部分。在强碱条件下呈$NaAlO_2$和$Al(OH)_3$两种形式存在。Na_2O为3.63%,其中Na_2CO_3约60%,主要呈Na^+形式赋存于孔隙溶液中。在赤泥干燥条件下除呈$NaOH$形式外,还形成Na_2CO_3、$NaHCO_3$、Na_2SiO_3和$NaAlO_2$等盐类沉淀或胶体物。这些易溶盐在堆放初期以孔隙溶液的形式存在,随着赤泥的析水、失水尤其干燥作用而在表面呈固体盐分析出。赤泥的化学成分也会随着堆积过程的持续而有所变化,主要是因为水溶性物质的流失和与水、空气等接触发生反应造成的。

表4.1 烧结法普通赤泥和富矿赤泥的成分对比

赤泥类别	化学成分/%							
	SiO_2	Fe_2O_3	Al_2O_3	CaO	Na_2O	K_2O	TiO_2	烧失量
普通赤泥	18.87	13.25	9.6	41.1	3.63	0.25	3.71	8.45
富矿赤泥	13.39	21.02	8.89	16.79	5.94	0.26	12.44	10

注:其余杂质为V(钒)、Re(铼)、Th(钍)、Er(铒)、Nb(铌),其中富矿赤泥中含Sc(钪)170 mg/L。

表 4.2 和表 4.3 为山东铝业公司堆场内赤泥样品的化学成分分析结果,赤泥依据生产工艺的不同分为烧结法赤泥与拜耳法赤泥。烧结法赤泥含有的主要化学组分为占总量 50% 左右的 SiO_2、CaO,15% 左右的铁铝氧化物,少量的 TiO_2、MgO、Na_2O、K_2O 和几十种微量稀散元素。拜耳法赤泥含有的主要化学组分为占总量 20% 左右的 SiO_2、CaO,50% 左右的铁铝氧化物,少量的 TiO_2、MgO、Na_2O、K_2O 和几十种微量稀散元素。与烧结法赤泥相比,拜耳法赤泥化学成分中钠含量比烧结法赤泥中高许多,具有较高含量的铁,而氧化钙的含量较低。

表 4.2 赤泥化学成分(2005 年测)

测试样品	SiO_2	Fe_2O_3	Al_2O_3	CaO	MgO	TiO_2	Na_2O	K_2O	烧失量
烧结法赤泥	16.11	7.38	8.30	33.20	0.43	2.00	2.92	0.84	26.50
拜尔法赤泥	17.87	32.66	20.30	3.18	—	2.07	8.06	0.08	11.59

表 4.3 烧结法赤泥化学成分(2014 年 3 月测)

测试样品	SiO_2	Fe_2O_3	Al_2O_3	K_2O	Na_2O	TiO_2	CaO	MgO	SO_2	烧失量
烧结法新赤泥	19.34	11.93	8.32	0.30	4.60	3.56	39.67	0.72	0.29	10.60
烧结法堆积赤泥	14.19	7.83	5.42	0.96	5.91	2.04	33.35	0.86	—	28.89
烧结法坝形赤泥堆	15.63	6.77	6.65	—	3.66	—	34.8	—	—	28.47

3. 颗粒特征

利用 1∶10 水提液制取的烧结法赤泥悬浮液稳定性极好,没有任何絮凝现象,小于 0.005 mm 粒组含量为 19.6%~26.8%,其中小于 0.002 mm 胶粒含量为 15.2%~23.6%。组成赤泥颗粒的主体为大于 0.01 mm 的粗粉土、极细砂和细砂颗粒。按照颗粒分析结果,烧结法赤泥为重壤土,个别为重粉质壤土。应当指出的是大于 0.1 mm 的细砂颗粒含量很高,为 28.91%~35.37%,一般都在 30% 以上。悬液过筛后所提取的褐色砂粒和粗粉土颗粒,都可以用手搓成很细的颗粒,因此它们是水稳定性很强的强结合的集合体。用 HCO_3^-—Ca^{2+} 型水处理的悬浮液稳定性极差,搅拌后很快絮凝沉淀,测得的黏粒含量很低,一般仅为 4.0%~5.2%,新形成的集合体主要分布在大于 0.01 mm 的各粒组中,这是 Ca^{2+} 絮凝的结果。这一事实说明,赤泥堆放后在 HCO_3^-—Ca^{2+} 型地表水或地下水作用下,赤泥的分散度将强烈降低,透水性增大,液化势增强,见表 4.4。

表 4.4 不同分散介质的烧结法赤泥粒度分析

分散介质	颗粒组成(mm,%)						结构系数
	>0.1	0.1～0.05	0.05～0.01	0.01～0.005	<0.005	<0.002	
1∶10 水提取液	33.006	6.194	26.48	9.6	24.72	20.4	6.678
自来水	35.346	15.808	33.36	9.04	6.48	3.92	

* 结构系数为集合体法与分散法小于 0.002 mm 粒级含量之比。

烧结法赤泥在宏观上按组成和性状可明显分为两部分,即棕色胶体(细粒)部分和褐色粗粒部分。图 4.2(a)烧结法赤泥团粒扫描电镜图像揭示赤泥团粒是由极细颗粒组成的松散聚积体,颗粒粒度一般仅几微米到几十微米。图 4.2(b)扫描电镜放大倍率 80 的烧结法赤泥松散粉末图像揭示,除生成的碳酸钙($CaCO_3$)具有较完整的晶形和较大粒度外,其余颗粒都很细小。

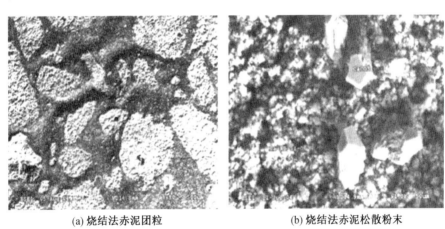

(a) 烧结法赤泥团粒　　　　　　(b) 烧结法赤泥松散粉末

图 4.2　不同粒径赤泥扫描电镜图像

4. 比重、含水率等物理性质

烧结法赤泥颗粒度细小不均匀,颗粒内部毛细网状结构十分发达,具有较高的比表面积,勃氏比表面积一般达 4 000 cm^2/g 以上。具有很强的富水性能,吸湿性强,含水率高,10 年期烧结法赤泥的含水率约为 32.2%。

烧结法赤泥的物理性质与黏土相似,有亚黏土之称。经液塑限联合测定仪测定,新鲜烧结法赤泥的塑性指数为 16.7,未暴露于空气中的陈化赤泥(含水率 40% 左右)的塑性指数为 10.1,但暴露于空气中的风化赤泥基本没有塑性。赤泥具有极好的触变性和富水性,将松散的赤泥用手捏几次,即可呈现塑性状态,同时表面析出水。赤泥熔体特征主要表现为熔点低(半球点温度为 1 220～±250 ℃),熔融体黏度小,从软化点至半球点温度区域(<50 ℃)狭窄。烧结法赤泥的主要物理性质见表 4.5。

表 4.5　烧结法赤泥的物理性质

干容重/(g·cm⁻³)	密度/(g·cm⁻³)	比表面积/(cm²·g⁻¹)	塑性指数	熔点/℃	粒度/%		
					60目	200目	250目
0.65~0.9	2.70~2.98	4 500~7 000	16.8	1 220~1 270	5~10	25~30	40~50

烧结法赤泥和拜耳法赤泥的主要物理参数归纳见表 4.6。可以发现，两种赤泥的基本物理性质为：低重度，高孔隙比，高稠度，高 pH 值，高碱性。

表 4.6　山东铝业赤泥的基本物理参数

赤泥种类	密度 g/cm³	含水量 %	液限 %	塑限 %	塑性指数	黏聚力 kPa	内摩擦角 (°)	pH值
烧结法	2.70~2.98	35~55	56.8	40.0	16.8	6.6~33.0	24~33	11.5
拜耳法	3.18~3.31	20~40	34.4	28.1	6.3	9.6~74.3	13.5~21	12.0

5. 水理性质

(1)渗透性。

烧结法赤泥原状样的渗透性和渗透溶滤作用(即水质水量变化)研究表明：赤泥为弱渗透性材料，其渗透系数一般为 $(2.57\sim3.62)\times10^{-5}$ cm/s，与黄土的渗透系数相近。在渗透水的作用下，赤泥的渗透系数有逐渐加大的趋势，但增大幅度不大，这是 $NaHCO_3$ 等易溶盐被淋溶和 Ca^{2+} 絮凝作用的结果。在 HCO_3^- — Ca^{2+} 型渗透水作用下，赤泥中易溶盐迅速减少，在不足 6 h 的时间内，渗透水含盐量降低为原来的 $\frac{1}{10}$ 左右，即由 8~10 g/L 降低到 0.87~0.96 g/L，这主要是 Na 盐和碱的淋失造成的。可见，赤泥堆放后对地下水和土壤的碱化作用不可避免。

(2)膨胀性与收缩性。

烧结法赤泥的无荷载条件下的膨胀率为 0，自由膨胀率为 5%，比拜耳法赤泥的膨胀率小得多。一般黏土中存在黏土胶体颗粒，由于硅铝率（SiO_2/Al_2O_3）较大，其表面在水中能形成双电层，从而引起黏土遇水膨胀、失水收缩的性质。烧结法赤泥虽然高孔隙、高含水，但干燥失水后不发生收缩，说明高含水不是亲水矿物存在的结果。随干燥度的增加，明显发生硬化，表面有大量白色沉淀并胶结。收缩试验表明，土样风干 45 d，含水量虽有减少，但不收缩。

(3)崩解性。

烧结法赤泥加蒸馏水后不易崩解，加入 5% 的 HCL 和 H_2SO_4，经 24 h 试样颜色有变化，并呈片状和小块状崩解，但未解体，试样随时间延续，表面有大量白色盐析出，并明显硬化，是 $CaCO_3$ 和 Na_2SiO_2 重晶和交接作用的结果。

根据《公路土工试验规程》(JTG E40—2020)中的相关规定，对烧结法赤泥的力学性质进行测试,得到烧结法赤泥的力学指标如见表4.7。结果可知,烧结法赤泥最佳含水率为35.5%,最大干密度为1.02 g/cm³;无侧限抗压强度约为0.4 MPa,内摩擦角约为27.2°,黏聚力为0.036 MPa,强度较低;其压缩系数为0.14 MPa⁻¹,压缩模量小,同样属于中压缩性土;烧结法赤泥的回弹模量为25.5 MPa,承载比(CBR)仅为3.8%,回弹模量小,承载能力较差。总体来说,烧结法赤泥的工程力学性质较差,无法直接用于道路路基的填筑。

表4.7 烧结法赤泥的力学指标

最佳含水率/%	最大干密度/(g·cm⁻³)	无侧限抗压强度/MPa	黏聚力/MPa	内摩擦角/(°)	压缩系数/MPa⁻¹	压缩模量/MPa	CBR/%	回弹模量/MPa
35.5	1.02	0.415	0.036	27.2	0.14	11.93	3.8	25.5

4.2.2 生物质灰渣基本性质

生物质通过高温燃烧,其绝大部分的物质会以气体的形式分散到大气中,其中不能挥发的无机成分和矿物质就会形成固体颗粒留存下来,形成生物质灰渣。生物质灰渣按照其收集形式一般分为两种:其中一种是颗粒细小,通过除尘方式回收,另一种是颗粒形状不一的灰渣,由锅炉底部出渣系统排出。本试验所采用的生物质灰渣取自山东某生物质电厂锅炉底灰,其燃烧原材料主要以树皮为主,如图4.3所示。

图4.3 燃烧原材料

目前,国内对生物质灰渣用于道路工程领域研究相对较少,作为试验主要使用的材料,其相关的物理性质、化学性质、力学性质会很大程度上影响填料的路用性能,由于目前生物质灰渣的研究并没有相关的规定和标准,本章拟结合土工试验规程对生物质灰渣的密度、颗粒分析、烧失量、液塑限等进行试验,对其基本的力学性质、理化性质等进行深入细致的分析和研究,以期能够掌握其基本特性,对配置生物质灰渣轻质填料提供技术依据。

生物质灰渣轻质土的设计思路主要借鉴液态粉煤灰,其与液态粉煤灰相似,具有流动性高、轻质、强度高、自密实等特点。生物质灰渣轻质土主要由生物质灰渣、水泥、粉煤灰、水以及外加剂配置而成。因生物质灰渣具有高吸水率和颗粒级配不良等特性,其各因素的影响对稠度和无侧限抗压强度尚不明确,因此对流态生物质灰渣轻质土配合比要进行深入的研究。主要依据液态粉煤灰相关规范标准,采用稠度、7 d 无侧限抗压强度作为关键控制指标,对生物质灰渣轻质土进行正交试验配合比设计研究。

1. 基本物理性质

(1) 生物质灰渣形貌。

由图 4.4(a)可以看出,生物质灰渣呈黑色,颗粒大小不一,以球形颗粒为主,含有少量的"片状颗粒"和"条状颗粒"。对异型颗粒进行 SEM 电镜扫描如图 4.4(b)所示,可以看出生物质灰渣异型颗粒仍然保留了植被本身的纤维结构,孔隙疏松且表面光滑。

(a) 生物质灰渣原貌　　　　(b) 生物质灰渣微观形貌

图 4.4　生物质灰渣形貌

(2) 天然含水率。

当生物质灰渣运至现场,应立即进行含水率的试验,本次试验采用烘干法。

试验方法:先称量铝盒质量,然后加入生物质灰渣,称其铝盒+生物质灰渣质量,放入 105~110 ℃电热恒温鼓风干燥箱中,恒温烘干 24 h 后,取出放入干燥器中干燥冷却至室温,称其质量。

按下式计算天然含水率:

$$w = \frac{m - m_1}{m_2} \tag{4.1}$$

式中　w——含水率(%);
　　　m_1——湿土的质量(g);
　　　m_2——干土的质量(g)。

计算结果见表 4.8。

表 4.8　含水率试验结果表

试样	1	2	3	4	5	6
含水率/%	56	57	58	62	65	58

结果表明,生物质灰渣的自然含水率在 55%～65%之间,范围波动比较大。其主要原因是,生物质电厂为了避免扬尘,一般采用湿法排放,另外由于生物质灰渣内部孔隙的原因,其天然含水率较高。

(3)比重。

试验方法:首先将 50 mL 的比重瓶进行烘干,用感量 0.001 g 的电子天平进行称量,取烘干后的生物质灰渣 12 g 装入瓶中,加入蒸馏水至比重瓶的一半处,摇动比重瓶,排除生物质灰渣中的空气,放置 20 h 以上。采用砂浴加热,煮沸不小于 30 min,如图 4.5 所示。冷却后加满蒸馏水称其质量,根据其质量和温度标定曲线算出生物质灰渣的比重,本次平行 2 组试验(每组 2 个样),取其算数平均值作为生物质灰渣的比重。

图 4.5　砂浴

按下式计算比重:

$$G_s = \frac{m_s}{m_1 + m_s - m_2} G_{wt} \tag{4.2}$$

式中　G_s——土粒比重,计算至 0.001;

m_s——干土质量(g);

m_1——瓶、水总质量(g);

m_2——瓶、水、土总质量(g);

G_{wt}——t ℃时蒸馏水的比重,准确至 0.001。

试验结果见表 4.9。

表 4.9　比重试验结果表

试验编号	比重瓶号	比重	平均值
1	1	1.729	1.720
1	2	1.710	1.720
2	1	1.715	1.721
2	2	1.726	1.721

根据常规,砂土、粉土、粉质黏土、黏土的比重(与水的标准密度的比值)分别为 2.67、2.71、2.72、2.74。如图 4.6 所示,可以清晰地看出,生物质灰渣的比重较小,约为常规土比重的 2/3,是一种比较轻质的填料。这是由于生物质灰渣为多孔结构,同时,生物质灰渣中含有未充分燃烧的生物质成分也是生物质灰渣比重较小的一个原因。

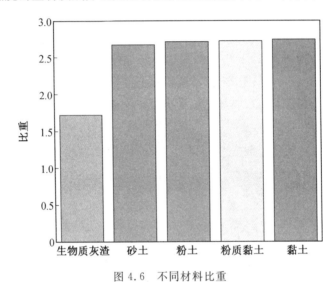

图 4.6　不同材料比重

(4)颗粒分析。

土是由大小不同、形状各异的土颗粒组成的,颗粒相互组成和其级配状态使土体呈现出不同的工程特性。生物质灰渣因其燃烧温度、结渣方式等的不同,会呈现出各种颗粒状态,因此对生物质灰渣进行颗粒分析是很有必要的。本次采用筛分法进行试验。

试验方法:根据要求,最大粒径不大于 10 mm 的土样每次试验用量为 300~900 g。本次试验取具有代表性的烘干生物质灰渣 2 000 g,采用四分法缩分至每份 500 g,进行筛分试验。

试验结果见表 4.10 和图 4.7。

表 4.10　生物质灰渣颗粒级配

粒径/mm	<0.075	0.075~0.25	0.25~0.5	0.5~1	1~2	2~5	>5
含量/%	24.1	33.7	26.04	7.6	2.02	6.28	0.24

泰安宁阳生物质电厂的颗粒分析结果表明,主要以砂粒组(粒径 0.075~2 m)为主占比约为 75.6%,细粒组(<0.075)占比约为 24.1%,根据规范中粗粒土的分类,可以把生物质灰渣定义为细粒土质砂。

(5)界限含水率。

在土的试验中,界限含水率是一个重要的指标。根据其液限和塑限,不仅能对土进一步分类,还能计算其天然稠度和塑性指数,对公路工程设计和施工提供参数。液限为土体从可塑状态转向流动状态下的临界含水率,塑限为土体从半固体状态转为固体状态下的

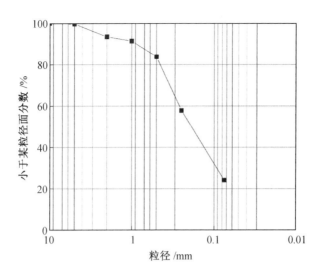

图 4.7 土样颗粒分布曲线

临界含水率。本次试验采用液限和塑限联合测定法进行试验,设备采用南京土壤仪器有限公司生产的数显液塑限联合测定仪,如图 4.8 所示。

图 4.8 数显液塑限联合测定仪

试验方法:取烘干生物质灰渣,过 0.5 mm 筛。取三份,每份 200 g,分别加入蒸馏水,使其含水率分别控制在液限、塑限和两者中间状态,闷料 12 h。

将闷好的试样用调土刀拌和均匀,然后分层压密装入盛土杯中。取少量凡士林涂抹锥头,旋扭上升台,使锥头刚好与试样接触,置零读数,按下测量按钮测量读数。为了保证试验的准确性,本次试验进行两次平行试验。

两次平行试验测试结果见表 4.11。

表 4.11 液塑限试验结果表　　　　　　　　　　　　　　%

编号	液限	塑限	塑性指数
1	82.5	24.3	58.2
2	81.3	24.0	57.3
平均	81.9	24.2	57.8

测试结果表明,两次平行试验误差满足规范要求,取两次平均值为生物质灰渣的液限、塑限和塑性指数,分别为 81.9%、24.2% 和 57.8%。生物质灰渣的塑性指数比较大,即生物质灰渣由固态转为流态所需水分较多,进一步证明生物质灰渣内部疏松多孔、吸水能力强的特性。生物质灰渣基本属于无黏性细质砂土,其力学性质不能用简单的液限、塑限准确表征,但其液限可以为下一步配置生物质灰渣轻质土提供理论支持。

2. 化学性质

(1)烧失量。

生物质在电厂燃烧时通常不可能充分燃烧,因此生物质灰渣中势必会含有未充分燃烧的碳分,碳分的含量通常与生物质电厂的燃烧温度、加热方式、生物质的来源等很多因素有关。残留的碳分通常用烧失量表示,虽然烧失量不能完全等同于生物质灰渣中残留碳分的含量,但是可以代表生物质灰渣中残留碳分的高低,从而评价生物质灰渣的稳定程度。

本次试验依据《用于水泥、混凝土中的粉煤灰》(GB/T 1996—2005),进行 4 组试验,每组试验 2 个水平。

试验方法:试验前先对坩埚在 950 ℃下加热 30 min,在其稍微冷却后放入干燥器中进行降温,自然冷却后采用感量 0.000 1 g 的天平进行称量,取 1~2 g 的生物质灰渣放入坩埚中,然后放入 950 ℃马弗炉中进行加热,如图 4.9 所示。在干燥器中冷却后进行称量,然后进行加热,称量,直至前后质量差 0.5 mg 以内。

试验结果见表 4.12。

表 4.12　烧失量试验结果表

试样	第一组	第二组	第三组	第四组
烧失量/%	9.1	9.0	9.0	9.1
平均/%	9.05			

由结果可知,山东某生物质电厂生物质灰渣烧失量小于 10%,其烧失量较低,品质较高。

(2)酸碱度。

试验方法:首先将生物质灰渣过 1 mm 筛,取 10 g,加入 50 mL 水,充分振荡 3 min 制成生物质灰渣悬液,然后对酸碱度测试仪进行校正,取 25~30 mL 生物质灰渣悬液置于

第 4 章　高速公路改扩建多源固废流态化回填窄幅拼宽技术研究

图 4.9　马弗炉

50 mL 烧杯中,将校正后的酸碱度测试仪置于悬液中。静置 30 min,至读数不再变化时即为生物质灰渣的 pH 值,如图 4.10 所示。

图 4.10　酸碱度测试仪

试验结果与分析:根据两次试验结果可知,生物质灰渣轻质土的 pH 值为 10.7,呈碱性。

(3)自由膨胀率。

试验方法:将生物质灰渣过 0.5 mm 筛,称取 50 g 置于烘箱中烘干静置于室温,将生物质灰渣装入漏斗中,用铁丝轻轻搅动,使其自由落入量土杯中,刮平杯口,称其内生物质灰渣质量。然后将水 30 mL 及 5 mL 的 5% 氯化钠溶液加入量筒内,将量土杯中生物质灰渣倒入量筒内,边冲洗边搅拌加水至 50 mL,每 2 h 读一次试样体积,两次读数差不大于 0.2 mL 即为膨胀稳定。

试验结果与分析:根据两次试验结果可知,生物质灰渣轻质土的自由膨胀率为0。

4.3 多源固废流态化回填材料配合比设计及性能评价

4.3.1 烧结法赤泥流态化回填材料设计

烧结法赤泥流态化回填材料以烧结法赤泥为主要载体,通过掺加不同比例的水泥和粉煤灰形成干粉混合料,然后添加外加剂、水搅拌均匀并经过养生反应后形成高流态、高和易性和高耐水性的轻质工程材料。

烧结法赤泥流态化回填材料的室内配合比性能试验以水泥和粉煤灰共同作为胶凝材料,两者的掺配质量比例为1∶1。外加剂掺配比例为赤泥、水泥、粉煤灰干粉混合料总量的1%。试验共设计3个不同的干粉掺配比例的对照组,其中胶凝材料按干粉混合料总质量的12%、16%和20% 3个不同比例进行内掺,见表4.13。每个对照组的加水量均按干粉混合料总质量的60%、65%、70%和75% 4个不同比例进行外掺。

表4.13 烧结法赤泥流态化回填材料试验配合比

试验编号	烧结法赤泥	水泥	粉煤灰	外加剂
S—1	88	6	6	1
S—2	84	8	8	1
S—3	80	10	10	1

4.3.2 烧结法赤泥流态化回填材料性能评价

1. 轻质性

参照《建筑砂浆基本性能试验方法标准》(JGJ/T 70—2009)中立方体抗压强度试验方法,将搅拌均匀的浆体浇筑于70.7 mm×70.7 mm×70.7 mm三联塑料试模内,在(20±2)℃、湿度大于95%的环境中静置48 h。拆模后,立即称取立方体试件质量,并用游标卡尺量取试件3个对面的尺寸,取平均值后计算试件的湿密度。材料不同配合比密度的测试结果如图4.11所示。

烧结法赤泥原材料的干密度为0.65~0.90 g/cm³。浇筑成型之后的轻质免碾压回填材料是一种微孔类材料,如图4.12和图4.13所示。

由于原材料本身的密度很小,其干密度比一般土建材料小很多(表4.14),可减少填筑自重。用作路基填筑时,其干密度一般取0.65~0.90 g/cm³。可以根据工程需要,通过调整水泥用量、流动性或掺入可选添加材料,其干密度可在0.5~1.0 g/cm³范围内调节,强度可在0.8~4.5 MPa范围内调节。一般公路工程中,干密度选用0.5~0.85 g/cm³,无侧限抗压强度常选用1.0~2.0 MPa。

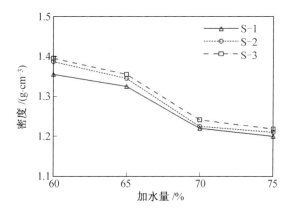

图 4.11　浇筑材料的密度－加水量变化曲线

图 4.12　烧结法赤泥轻质填料立方体试块

图 4.13　烧结法赤泥轻质填料试块切面

表 4.14　常见回填材料的干密度对比表　　　　　　　　　　　　g/cm³

水泥混凝土	水泥稳定碎石	一般灰土	粉煤灰	赤泥基轻质材料
2.2～2.5	2.0～2.4	1.7～2.0	1.2～1.6	0.5～1.0

2. 流动性

由于不含骨料,赤泥轻质填料的流动性高,可通过管道进行远距离泵送或者采用水泥罐车运输。采用管道泵送,使拌和场与浇筑点分离,作业面小。浇筑后可自流平、自硬化,自密实性好,不需机械摊铺、振捣和碾压。施工对附近建筑物无影响,对居民干扰小,适合于长距离、管道或狭小空洞内充填施工。

依据《公路桥涵施工技术规范》(TGT 3650—2020)和《铁路后张预应力混凝土梁管道压浆技术条件》(TB/T 3192—2008),采用流动度仪测定烧结法赤泥净浆流动度。

测定时,先将漏斗调整水平,封闭底口,将搅拌均匀的浆体均匀倾入漏斗内,直至表面触及点测规的下端(1 725 mL±5 mL 浆体)。开启底口,使浆体自由流出,记录浆体全部流出时间(s),即为灌浆料的流动度。根据上述试验方法,不同水泥和粉煤灰掺配比例的烧结法赤泥浇筑材料的流动性测试结果如图 4.14 所示。

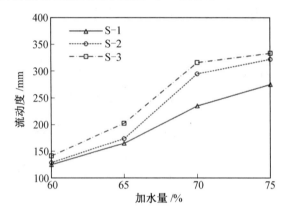

图 4.14 浇筑材料的流动度－加水量变化曲线

由图 4.14 可以看出,浇筑材料的流动度均随用水量的增加而增大。由于水泥晶相结构和粉煤灰玻璃体结构对浆体黏度的影响,在加水量相同的情况下,增加水泥和粉煤灰的掺量,可以提高浇筑材料的流动性。

3. 强度

根据《建筑砂浆基本性能试验方法标准》(JGJ/T 70—2009)取样及试样制备规定,利用 70.7 mm×70.7 mm×70.7 mm 的带底试模,直接浇筑制备试块,制备试块过程不用振动捣实。将高出试模部分的砂浆沿试模顶面刮去并抹平。试件制作后在温度为(20±5)℃的环境下静置 24 h,对试件进行编号、拆模。拆模后立即放入温度为(20±2)℃,相对湿度为 90% 以上的标准养护室中养护。养护期间,试件彼此间隔不得小于 10 mm,并对试件上面覆盖,防止有水滴在试件上。根据龄期要求进行相关试验。如图 4.15 所示。

根据试验要求,对立方体试件抗压强度试验按下列步骤进行试验:

(1)试件从养护地点取出后及时进行试验。试验前将试件表面擦拭干净,测量尺寸,并检查其外观,计算试件的承压面积。

图 4.15 室内制样过程

(2)将试件安放在试验机的下压板或下垫板上,试件的承压面应与成型时的顶面垂直,试件中心应与试验机下压板或下垫板中心对准。开动试验机,当上压板与试件或上垫板接近时,调整球座,使接触面均衡受压。承压试验应连续而均匀地加荷,加荷速度应为 0.25~1.5 kN/s。当试件接近破坏而开始迅速变形时,停止调整试验机油门,直至试件破坏,然后记录破坏荷载。

(3)赤泥立方体抗压强度应按下式计算:

$$f_{m,cu} = K\frac{N_u}{A} \tag{4.3}$$

式中 $f_{m,cu}$——赤泥立方体抗压强度(MPa),应精确至 0.1 MPa;

N_u——试件破坏荷载(N);

A——试件承压面积(mm^2);

K——换算系数,取 1.35。

立方体抗压强度试验的试验结果按下列要求确定:

①以 3 个试件测值的算术平均值作为该组试件的砂浆立方体抗压强度平均值(f),精确至 0.1 MPa;

②当 3 个测值的最大值或最小值中有一个与中间值的差值超过中间值的 15% 时,把最大值及最小值一并舍去,取中间值作为该组试件的抗压强度值;

③当两个测值与中间值的差值均超过中间值的 15% 时,该组试验结果为无效。

烧结法赤泥浇筑材料不同配合比的 3 d、7 d、28 d 龄期的抗压强度测试结果如图 4.16~4.18 所示。

由图 4.16~4.18 可以看出,随养护龄期增加,材料的强度不断增大,与水泥水化和粉煤灰二次水化作用过程相一致。同时,在干粉配合比相同的情况下,水粉比的增大会导致材料强度的下降。同时,以 28 d 龄期强度为基准,7 d 龄期强度可达到 85% 以上,对施工的进度安排有利。

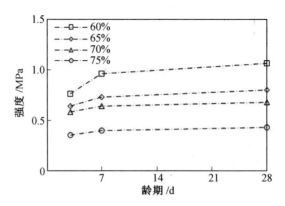

图4.16 浇筑材料S—1的强度—龄期变化曲线

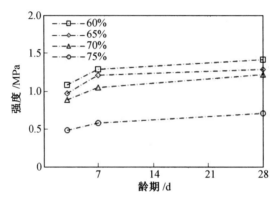

图4.17 浇筑材料S—2的强度—龄期变化曲线

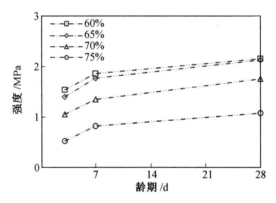

图4.18 浇筑材料S—3的强度—龄期变化曲线

4.3.3 生物质灰渣流态化回填材料设计与性能评价

1. 稳定材料基本性能

(1)水泥。

水泥是决定液态生物质灰渣轻质土性能的重要胶凝材料。其主要作用为固化生物质灰渣和提供强度,本次试验所采用的水泥为山东某水泥厂生产的 P.O42.5 的普通硅酸盐水泥。对水泥按照规范进行各项性能的检验结果见表 4.15、表 4.16。

表 4.15 水泥熟料化学分析结果及矿物组成

矿物名称	C3S	C2S	C3A	C4AF	其他
含量/%	57.55	17.82	7.54	11.19	5.9
合计/%	100				

表 4.16 水泥性能技术指标

细度 (0.08 mm 筛)/%	比表 面积/ $(m^2 \cdot kg^{-1})$	密度 $/(g \cdot cm^{-3})$	标准 稠度	安定性	凝结 时间/min		抗折 强度	抗压 强度
					初凝	终凝	3 d	3 d
0.4	354	3.12	24.6	合格	98	157	6.2	27.6

试验结果表明,水泥各项指标均满足规范要求。

(2)粉煤灰。

粉煤灰为燃煤电厂产生的颗粒废料,其含有大量的 SiO_2、Al_2O_3 以及少量的 Fe_2O_3 等氧化物,因此粉煤灰有一定的火山灰材料活性。对于粉煤灰填筑路基一些规范,就其物理性质和化学性质已经给出明确规定。本次试验选用Ⅱ级粉煤灰,其性能符合国家规范要求,其具体指标见表 4.17。

表 4.17 粉煤灰性能技术指标

序号	检测项目	技术指标			检测结果
		Ⅰ级	Ⅱ级	Ⅲ级	
1	细度/%	≤12	≤30	≤45	20
2	需水量比/%	≤95	≤105	≤115	102
3	烧失量/%	≤5	≤8	≤15	2.34
4	强度活性指数/%				86
5	含水量/%				0.52
6	密度/$(g \cdot cm^{-3})$				2.25
7	三氧化硫含量/%				2.16

续表 4.17

序号	检测项目	技术指标	检测结果
8	游离氧化钙含量/%		0.26
9	二氧化硅含量/%	总和≥70%	50.26
10	二氧化铝含量/%		31.14
11	三氧化二铁含量/%		4.16

(3)减水剂。

为了改善生物质灰渣轻质土流动性,使其在水分较少的情况下,保持较高的流动性,减水剂的使用必不可少。本试验所使用的减水剂为天津某科技发展有限公司生产的固体聚羧酸系高性能减水剂粉,型号 WH-A(标准型),其主要的技术指标见表4.18。

表 4.18 外加剂的主要技术指标

形态	减水率/%	含气量/%	泌水率比/%	含水率/%	收缩率比/%
固态	32	2.8	22	1.01	100

(4)水。

实验室用水为交通科学研究院自来水,满足试验用水要求。

2. 正交试验设计

(1)正交试验设计理论概述。

通常在科学试验研究中,对结果的影响一般具有多种因素。对于单因素多水平分析,一般采用全面试验,其试验简单高效。但是随着因素和水平的增加,各因素和水平相互交织,若继续采用全面试验,就会造成试验工作量成倍增加。

因此采用合理的试验方法是非常有必要的。正交试验是一种优化的试验方法,其从全面试验中选取具有代表性的点进行试验,能够通过较少的试验次数,选择出各因素水平点的最佳搭配组合或通过分析推算出最优搭配。

正交试验的优点如下。

①能够通过较少的试验,得到更好的方案,大大减少了试验工作量。例如:一个3因素3水平的试验,采用全面试验分析需要进行$3^3=27$次试验,采用正交试验只需要进行9次试验。

②能通过试验结果分析,得到更多的信息。例如:通过极差分析,能分析各影响因素对试验结果的重要性。

(2)因素和水平的选择。

合理选择因素和水平是正交试验中重要的一步,生物质灰渣轻质土由生物质灰渣、水泥、粉煤灰、水以及外加剂组成,配置完成的生物质灰渣轻质土不仅要求具有一定的强度

第4章 高速公路改扩建多源固废流态化回填窄幅拼宽技术研究

来满足工程质量要求,而且要具有一定的流动性,起到自密实的工作特性。通过反复的配合比适配试验,将水泥和粉煤灰组合成胶结料,胶结料占混合料总量百分比作为因素A;水泥占胶结料(水泥+粉煤灰)百分比作为因素B;外加剂占胶结料百分比作为因素C;水固比(水占固体材料总量的百分比)作为因素D;为了合理有效地分析上述因素对流动度和强度的影响,每个因素取四个水平,因素水平见表4.19。

表4.19 因素与水平表

水平	因素			
	A/%	B/%	C/%	D
1	26	20	0	0.6
2	28	30	0.4	0.62
3	30	40	0.8	0.64
4	32	50	1.2	0.66

(3)利用正交表设计试验。

合理选择正交表是正交试验的关键,选择正交表的原则为:正交表的因素水平应与试验因素水平相等,因素个数要大于或等于试验因素个数。本研究试验为4因素4水平试验,根据正交表选取原则,选取$L16(4^5)$正交表来进行试验安排,结果见表4.20。

表4.20 用$L16(4^5)$正交表安排试验

试验编号	因素			
	A	B	C	D
1	A1	B1	C1	D1
2	A1	B1	C2	D2
3	A1	B1	C3	D3
4	A1	B1	C4	D4
5	A2	B2	C2	D3
6	A2	B2	C1	D4
7	A2	B2	C4	D1
8	A2	B2	C3	D2
9	A3	B3	C3	D4
10	A3	B3	C4	D3
11	A3	B3	C1	D2
12	A3	B3	C2	D1
13	A4	B4	C4	D2

续表 4.20

试验编号	因素			
	A	B	C	D
14	A4	B4	C3	D1
15	A4	B4	C2	D4
16	A4	B4	C1	D3

3. 强度和流动度目标设定和试验方法

(1)强度和流动度目标设定。

通过大量的试验对比,结合液态粉煤灰对流动性的要求,本书研究确定生物质灰渣轻质土流动度用稠度进行评价。根据大量适配试验,确定生物质灰渣稠度控制在 10～13 cm 之间比较适合。稠度在 10 cm 以下,流动性较差不易于施工,稠度在 13 cm 以上,其流动性虽然较强,但会出现强度降低、泌水等现象。为了提高生物质灰渣轻质土早期强度的形成和降低后期的收缩变形,建议稠度尽量取下限。

强度是生物质灰渣轻质土作为台背回填中最为重要的力学指标,为了满足台背回填施工质量,结合液态粉煤灰和泡沫轻质土等流态自密实轻质填料以及相关规范标准,确定生物质灰渣轻质土的无侧限抗压强度标准为 7 d 不小于 0.6 MPa,28 d 不小于 1 MPa。

(2)搅拌工艺。

为了高效利用生物质灰渣,减少施工工艺流程,本书研究采用的生物质灰渣不对原材料进行筛分处理,保持其原有颗粒级配,全部利用。因其高含水率特性,试验前应采用 105 ℃电热鼓风干燥箱烘干 48 h,以保证生物质灰渣能够完全干燥。

具体的拌和过程如下:本书研究拌和根据《建筑砂浆基本性能试验方法标准》(JGJ/T 70—2009)中的试验方法,试验前应用湿抹布润湿搅拌锅和搅拌叶片,然后将称量好的水泥、粉煤灰及生物质灰渣缓缓倒入拌和锅中,低速干拌 1 min,保证混合料拌和均匀,然后加入添加减水剂的水溶液,进行快速湿拌 2 min。一次拌和混合料的用量宜不超过拌和锅用量的 1/2,以保证拌和过程中混合料飞溅,影响结果的准确性。

(3)流动度试验。

流动度是生物质灰渣轻质土工作性主要的评价标准,它与施工和易性密切相关。良好的流动度是生物质灰渣轻质土免压、自密实的前置条件。本研究流动度采用稠度进行表征,采用的设备为砂浆稠度仪,如图 4.19 所示。

试验步骤如下。

①砂浆稠度仪试验前应先用抹布润湿试锥和试锥桶,用少量的润滑油擦拭滑杆,以保证滑杆能够无阻力自由下落。

②按照上述搅拌工艺进行搅拌,将搅拌好的混合物一次性倒入锥桶内,轻轻敲击桶壁 5～6 次,使混合料液面平整,放置在砂浆稠度仪的支座上。

图 4.19　砂浆稠度仪

③调节锥体高度,使锥尖对准容器中心并刚好接触混合料表面,置零读数,旋扭试锥固定螺丝,使试锥自由沉入混合料中,10 s 后读取沉入深度,即为混合料的稠度值。

注意事项:每份拌和的混合料只允许进行一次稠度试验,当两次稠度试验相差20 mm 时,应重新试验。当两次稠度试验在误差范围内,取其算数平均值作为其稠度值。

(4)无侧限抗压强度试验。

无侧限抗压强度是试件在没有侧向约束情况下,在垂直荷载下抵抗竖向剪切变形的能力。生物质灰渣轻质土作为道路回填材料,应当具备一定的力学能力,以抵抗荷载作用。

生物质灰渣轻质土无侧限抗压强度试验依据《建筑砂浆基本性能试验方法标准》中的标准试件抗压强度试验检测方法。试验中采用 70.7 mm×70.7 mm×70.7 mm 的三联试模,压力机采用山东交通科学研究院的电子万能压力机。如图 4.20 所示。

试验步骤如下。

①按照上述搅拌工艺进行搅拌,将搅拌好的混合料注入内壁涂刷薄层脱模剂三联试模中,浇筑时,浆体应高于试模 8～10 mm,水分稍干后刮去。为模拟工地正常施工工况,让其自然流淌密实,浇筑后不需插捣或振捣。

②为了防止水分过分散失,将浇筑好的试模表面覆盖一层保鲜膜,置于温度(20±2)℃,相对湿度 60%±5% 的室内静置一昼夜,刮去顶部多余部分,然后编号,置于标准养护室内(温度(20±2)℃,相对湿度 90% 以上)。

③待其养护天数达到要求时,将试件置于万能压力机上,调整上部压板使压板和试件刚好接触,启动万能压力机,保持速率在 1 mm/min,直到试件被压坏,记录其最大压力。

试验结果:

按下式计算无侧限抗压强度:

$$R=\frac{P}{A} \qquad (4.4)$$

式中　R——无侧限抗压强度值(MPa);

(a) 试件制作　　　　　　　　(b) 试验过程

图 4.20　无侧限抗压强度试验过程

P——试件破坏时的最大压力(N)；

A——试件的受压面面积(mm^2)。

每 3 个试件为一组，无侧限抗压强度应取 3 个试件的算数平均值。如有一个试件的无侧限抗压强度大于中间值的 15%，取其他两个的算数平均值作为无侧限抗压强度，当两个都超过中间值的 15% 时，应进行补充试验。

(5)正交试验结果分析。

本次正交试验主要研究因素 A、B、C、D 4 个因素对生物质灰渣轻质土 7 d 无侧限抗压强度以及稠度的影响规律，综合考虑经济和施工和易性确定最佳配合比。

本试验分析方法采用极差分析，极差分析是正交试验最简单有效的分析方法，通过每个因素的极差大小表示因素对试验结果的影响大小。极差越大表示其因素对试验结果影响越敏感，反之，越不敏感。

生物质灰渣轻质土正交试验稠度、7 d 无侧限抗压强度试验结果见表 4.21，正交试验极差分析结果见表 4.22。

表 4.21　正交试验结果

试验编号	影响因素				稠度/mm	7 d 抗压强度 MPa
	A/%	B/%	C/%	D/%		
1	26	20	0	0.6	9.4	0.47
2	26	30	0.4	0.62	10.3	0.73
3	26	40	0.8	0.64	11.4	0.62
4	26	50	1.2	0.66	12.8	0.75
5	28	20	0.4	0.64	11.8	0.41
6	28	30	0	0.66	12.7	0.44
7	28	40	1.2	0.6	10.6	0.95
8	28	50	0.8	0.62	10.9	1.05

续表 4.21

试验编号	影响因素				稠度/mm	7 d 抗压强度 MPa
	A/%	B/%	C/%	D/%		
9	30	20	0.8	0.66	13.4	0.46
10	30	30	1.2	0.64	12.5	0.47
11	30	40	0	0.62	11.1	0.85
12	30	50	0.4	0.6	10.7	1.28
13	32	20	1.2	0.62	11.8	0.53
14	32	30	0.8	0.6	11.4	0.88
15	32	40	0.4	0.66	13.9	0.82
16	32	50	0	0.64	12.8	1.31

表 4.22 极差分析结果

水平	稠度				7 d 无侧限抗压强度			
	A/%	B/%	C/%	D/%	A/%	B/%	C/%	D/%
1	10.98	11.60	11.50	10.52	0.64	0.47	0.77	0.90
2	11.50	11.72	11.67	11.02	0.71	0.63	0.81	0.79
3	11.92	11.75	11.76	12.12	0.77	0.81	0.75	0.70
4	12.48	11.80	11.92	13.20	0.89	1.09	0.67	0.62
极差	1.50	0.20	0.42	2.68	0.24	0.64	0.13	0.28
	主次顺序 DACB				主次顺序 BDAC			

4. 生物质灰渣流态化回填材料设计结果

(1)稠度分析。

由表 4.21 可知,其 16 组试验的稠度大部分满足要求,15 号稠度最大,达到 13.9 mm。为了更加直观地分析 4 种因素对稠度的影响,根据正交试验极差分析结果,分别绘制各因素点线图,分析各个因素对稠度的变化规律并进行深入探讨,如图 4.21 所示。

从表 4.22 可以看出,稠度极差最大的因素为 D(水固比),其次分别为 A(胶结料占混合料总量百分比)、C(减水剂占胶结料百分比)、B(水泥占胶结料百分比),即各极值大小为 $R_D > R_A > R_C > R_B$,所以各因素对稠度的影响主次顺序为 DACB。

对于 A 因素进行分析,由图 4.21(a)可知,稠度随着胶结料掺量的增加而增加,这是由于胶结料掺量增加,对于混合料来说相当于生物质灰渣含量的减少,生物质灰渣内部孔隙丰富,吸水率高,在相同的用水量下,大部分的水分被生物质灰渣吸附,导致游离水减

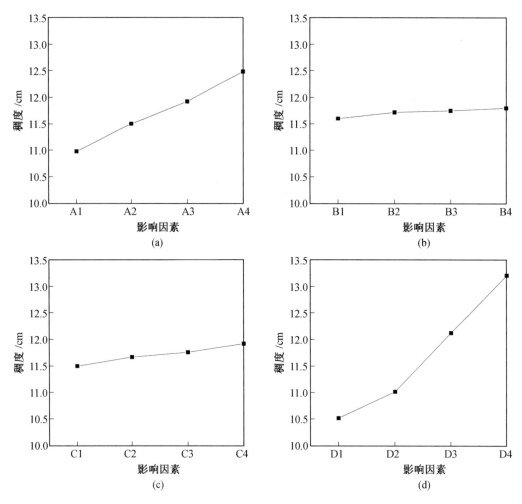

图 4.21 正交试验稠度点图分析

少,从而造成了流动度降低,稠度减小。单对于生物质灰渣轻质土稠度来说,其稠度越大越好,对于因素 A,单从稠度角度进行优选,其 A4 为 A 因素下的最优水平,即胶结料占混合料总量的 32%。

对于 B 因素进行分析,由图 4.21(b)可知,稠度随着水泥含量的增加而增加,这是因为在总胶结料不变的情况下,随着水泥含量的增加,粉煤灰用量就相对减少。由原材料试验结果可知,本研究采用的 II 级粉煤灰需水比为 104,即相同用水量的情况下,达到相同的流动度粉煤灰的需水量更高,这就从侧面解释了稠度随水泥含量增加而增加的现象,对于因素 B,单从稠度角度进行优选,其 B4 为 B 因素下的最优水平,即水泥含量占胶结料含量的 50%。

对于 C 因素进行分析,由图 4.21(c)可知,随着减水剂含量的增加,其稠度一直在增加,这是因为减水剂分子大量吸附在水泥和粉煤灰颗粒表面,对水泥颗粒和粉煤灰颗粒起着很好的分散、润滑作用,从而有效地增加了混合料的流动性,使其稠度越来越大。其最优选因素水平为 C4,即减水剂的含量占胶结料总量的 2%。

对于因素 D 进行分析,由图 4.21(d)可知,混合料随着水固比的增加,其稠度不断增加,因为水为混合料流动主要介质,水固比的不断增加代表其游离水的增加,流动度增大,即体现为稠度的增加。其最优选因素水平为 D4,即水固比为 0.66。

综上所述,正交试验中单纯考虑其稠度指标最佳配合比为 A4B4C4D4,即胶结料混合料总量 32%、水泥占胶结料 50%、减水剂含量 2%、水固比 0.66。

(2)无侧限抗压强度结果分析。

由表 4.21 可知,其 16 组试验的强度大部分满足强度要求,16 号强度最高,其 7 d 无侧限抗压强度达到 1.31 MPa。为了更加直观地分析 4 种因素对 7 d 无侧限抗压强度的影响,根据正交试验极差分析结果,分别绘制各因素点线图,分析各个因素对 7 d 无侧限抗压强度的变化规律并进行深入探讨。如图 4.22 所示。

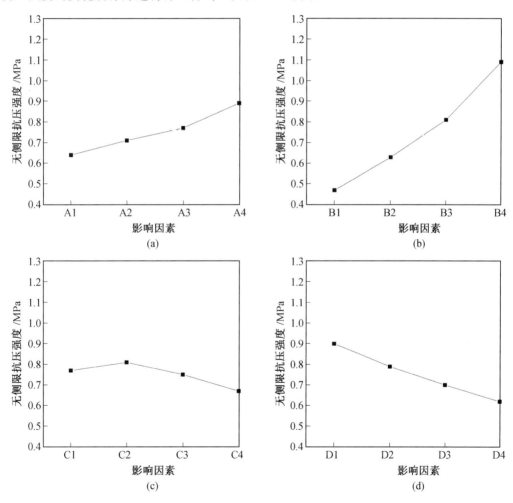

图 4.22 正交试验无侧限抗压强度点图分析

从表 4.22 可以看出,7 d 无侧限抗压强度的极差最大因素为 B(水泥占胶结料百分比),其次分别为D(水固比)、A(胶结料占混合料总量百分比)、C(减水剂占胶结料百分比),即各极值大小为$R_B>R_D>R_A>R_C$,所以各因素对7 d无侧限抗压强度的影响主次顺序为BDAC。

对于A因素进行分析,从图4.22(a)中可知,胶结料掺量和无侧限抗压强度成正相关。分析其原因,随着胶结料的增加,其内部生成的水化产物不断增加,使其试件内部更加密实,在宏观上则表现为无侧限抗压强度增加。分析其强度形成机理,首先水泥与水发生水化反应,然后水泥水化形成的氢氧化钙为粉煤灰发生火山灰反应提供了碱性环境,大量的Ca^{2+}吸附在其玻璃体表面,不断向玻璃体内逐渐侵蚀,使其内部与外部环境逐渐接触发生水化作用,其又释放出大量的碱性离子,使火山灰反应进一步加剧,最终在水泥和粉煤灰的双重作用下,使得内部水化产物不断增多,有效地填充了生物质灰渣开孔孔隙和生物质灰渣颗粒的空隙,使得混合料内部密实程度进一步提高,表现为整体强度的增加。对于因素A,其最优因素水平为A4,即胶结料占混合料总量的32%。

对于B因素进行分析,由图4.22(b)中可知,水泥掺量与无侧限抗压强度呈正相关,水泥是混合料强度形成的主要物质基础,其作用主要是起到胶结作用和提供碱性环境,是影响强度的主要因素。其B4为B因素下的最优水平,即水泥含量占胶结料含量的50%。

对于C因素进行分析,由图4.22(c)中可知,随着减水剂含量的增加,其无侧限抗压强度呈先增加后减小的趋势,在0.4%掺量时其对无侧限抗压强度有小幅增加,然而随着掺量的进一步增加强度呈现降低的趋势。分析其原因,当减水剂适当添加时,减水剂分子吸附在水泥和粉煤灰颗粒表面,从而减缓了水化反应的进行,使水泥和粉煤灰颗粒分散得更加均匀,随后水化反应加强,强度提升。当减水剂过量添加时,减水剂分子就会出现饱和状态,水泥和粉煤灰颗粒表面就会被大量减水剂分子"包围",在其表面形成很厚的水膜,从而降低了水化反应的进行,而且过多的减水剂也会使浆体具有更高的引气作用,引入的气泡使混合料内部出现多孔的现象,使得试件内部变疏松,降低混合料的强度。其C2为C因素下的最优水平,即减水剂的掺量为0.4%。

对于D因素进行分析,由图4.22(d)中可知,随着水固比的增加,其无侧限抗压强度不断降低,呈负相关。这是由于随着水固比的增加,其单位用水量不断增加,造成游离水过多,使得内部孔隙率大大增加。在抵抗外加压力时,可能在其孔隙处出现应力集中的现象,导致抗压强度出现降低的趋势。其D1为D因素下的最优水平,即水固比为0.6。

综上所述,正交试验中其无侧限抗压强度指标其最佳配合比为A4B4C2D1,即胶结料占混合料总量32%、水泥占胶结料50%、减水剂含量0.4%、水固比0.6。

(3)确定最佳配合比。

强度和流动度是生物质灰渣轻质土作为台背回填的两个关键性指标,但两个为互斥关系,合理平衡两者关系显得尤为重要。

基于正交试验结果分析,对于稠度影响主次顺序为DACB,其优选组合为A4B4C4D4,即胶结料占比32%、水泥占比50%、减水剂含量2%、水固比0.66。对于强度影响主次顺序为BDAC,其优选组合A4B4C2D1,即胶结料占比32%、水泥占比50%、减水剂含量0.4%、水固比0.6。

对于A因素,两者优选为A4,对于B因素优选为B4,对于C因素以强度为主要指标优选为 C2,对于 D 因素由于其对两个指标的影响都比较大,为平衡两者之间的关系并以强度为主要指标优选为 D2,则基于正交试验优选的配合比为 A4B4C2D2。考虑其经济性和资源化利用,减少水泥的用量及增加生物质灰渣的使用量,本书研究把因素 A 降为 A3,因素 B 降为 B2,则最终最佳配合比为 A3B2C2D2。

5. 追加试验

通过正交试验分析,确定最佳配合比为 A3B2C2D2,对最佳配合比进行验证试验,其试验结果见表 4.23。

表 4.23　最佳配合比追加试验结果

配合比	稠度/cm	7 d 无侧限抗压强度/MPa	质量/g	湿密度/(g·cm^{-3})
A3B2C2D2	11.2	0.69	491.1	1.38
	11.3	0.73	510.9	1.44
	11.2	0.74	510.0	1.44
平均值	11.2	0.72	504.0	1.42

生物质灰渣轻质土与常规回填材料密度对比结果见表 4.24。

表 4.24　密度对比表

回填材料	生物质灰渣轻质土	8%灰土	二灰土	级配碎石
密度/(g·cm^{-3})	1.42	1.8	1.9	2.3

由表 4.24 可知,与常见回填材料相比,生物质灰渣轻质土的密度较小,仅为 1.42 g/cm^3。其密度分别为 8%灰土、二灰土、级配碎石的 78.8%、74.7%、61.7%,是较为轻质的回填材料。如图 4.23 所示。

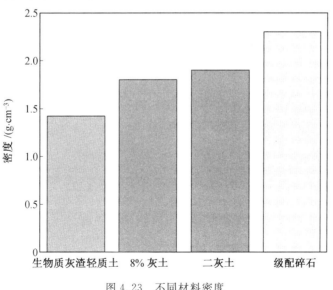

图 4.23　不同材料密度

4.4 多源固废流态化回填材料固化机理及施工控制

4.4.1 烧结法赤泥流态化回填材料固化机理

赤泥基混合料在压实成型后,由固相(石灰、粉煤灰、赤泥)、液相(水溶液)和气相(空气)三相组成。三相之间相互作用的结果,使得石灰粉煤灰赤泥混合料具有较高的强度和刚度,从而满足了路面基层的性能要求。

构成赤泥基混合料强度的因素包括两方面,即由矿质颗粒之间的内摩阻力和嵌挤力,以及二灰结合料及其与矿料之间的黏结力和内聚力所构成。赤泥基层混合料加水拌和后,通过机械压实成型,初期可以认为二灰混合料未发生化学反应,其强度主要来自密实混合料的内摩阻力,以及颗粒间水膜与相邻颗粒之间的分子引力所形成的"原始黏聚力"。随着时间的推移,混合料内的固液相之间发生一系列物理、物理化学和化学作用,并生成一系列具有胶结作用的物质,使得混合料中颗粒与颗粒之间的连接加固,形成"固化黏聚力",这是赤泥基混合料强度形成的主要来源。

赤泥基材料强度的形成主要依靠结合料所发生的一系列反应,使得赤泥与结合料紧密连接到一起。赤泥基层的强度形成机理与水泥凝结硬化形成强度相类似,其混合料充分拌和后,在一定 pH 条件下(碱性环境中),通过各种途径的一系列化学反应和离子交换作用,使混合料中的矿物成分在微颗粒周围形成晶体结构的多种水化物。这种以微颗粒和水化物组成的胶体粒子在分子力作用下,凝聚成网状结构,在吸收化学反应过程中放出的热量、外界压力(碾压)、温度(气温)的作用下而硬化,形成以化学键相结合的结晶体网状结构骨架而形成强度,生成密实而坚硬的半刚性板体。混合料三相间发生的基本反应过程有:石灰粉煤灰之间的火山灰反应、石灰自身的解离作用、结晶作用和碳化作用以及赤泥中的有效矿物成分在石灰和粉煤灰的激发下进一步发生水化反应等。这些作用的进行都是通过液相介质来完成的。从对赤泥基层强度贡献的大小来说,石灰粉煤灰之间发生的火山灰反应是最主要的作用过程,而石灰的解离作用是所有作用过程的基础,石灰的碳化结晶作用以及赤泥中的有效矿物成分在石灰和粉煤灰的激发下发生水化反应又进一步增加了赤泥基层的强度。其具体过程可阐述如下。

1. 石灰在水溶液中的解离作用

熟石灰在水溶液中可溶解解离成 Ca^{2+} 和 OH^-,并散发微量的热。

$$Ca(OH)_2 \longrightarrow Ca^{2+} + 2OH^- \tag{4.5}$$

这一过程提供了大量的 Ca^{2+} 和 OH^- 离子,使混合料液相的 pH 值升高,这是其他后续反应的基础。$Ca(OH)_2$ 虽是强碱,但在水溶液中由于离子间的相互吸引,表现出一定的电离度,且电离度随 $Ca(OH)_2$ 溶液浓度的减小或温度的升高而增大。

2. 石灰的结晶和碳化作用

液相水溶液中的氢氧化钙可以在溶液水分蒸发所造成的过饱和状态下发生溶解的逆

反应——结晶作用,形成氢氧化钙晶体,其化学反应式如下:

$$Ca(OH)_2 + nH_2O \longrightarrow Ca(OH)_2 \cdot nH_2O \tag{4.6}$$

石灰吸收水分形成含水晶格并由胶体逐渐成为晶体,这种晶体相互连接,并与赤泥结合形成共晶体,把固体颗粒胶结成整体,从而产生一定的结构强度。与不定形的$Ca(OH)_2$相比,晶体$Ca(OH)_2$的溶解度几乎减小一半,因而由晶体$Ca(OH)_2$形成的结晶结构的水稳定性,比由$Ca(OH)_2$胶体形成的凝聚结构的水稳性好,使得赤泥基层的稳定性得以提高。

液相中的$Ca(OH)_2$也可以与气相或溶解于水中的CO_2反应,产生碳化作用:

$$Ca(OH)_2 + CO_2 + nH_2O \longrightarrow CaCO_3 + (n+1)H_2O \tag{4.7}$$

$CaCO_3$晶体具有较高的强度和水稳定性,它对粉煤灰的胶结作用使粉煤灰得到了加固。当$CaCO_3$晶体沉积在赤泥基层混合料颗粒间隙中时,产生一定的胶结强度。由于CO_2可能由混合料的空隙进入,也可能由粉煤灰本身产生,赤泥基层混合料的表层碳化后形成的硬壳阻碍CO_2进一步渗入,因而$Ca(OH)_2$的碳化作用相当缓慢,是形成赤泥基材料后期强度的原因之一。

3. 石灰与粉煤灰的火山灰反应

石灰粉煤灰间的火山灰反应是赤泥基层混合料强度形成的主要因素。在混合料中,随着龄期的增长,石灰与粉煤灰间的火山灰反应逐渐增强。粉煤灰中硅铝玻璃体是粉煤灰中具有活性的主要部分,它是由粉煤灰中的黏土矿物在高温下熔融,在表面张力作用下形成液滴,排出炉外时急速地冷却而形成的小球体。硅铝玻璃体可与石灰发生火山灰反应。石灰水化后形成的$Ca(OH)_2$溶胶使得粉煤灰玻璃体表面的SiO_2和Al_2O_3缓慢溶解,与$Ca(OH)_2$逐步反应生成硅酸钙、硅铝酸钙等复合物。反应的定性描述如下:

$$mCa(OH)_2 + SiO_2 + (n-1)H_2O \longrightarrow mCa \cdot SiO_2 \cdot nH_2O \tag{4.8}$$

$$mCa(OH)_2 + Al_2O_3 + (n-1)H_2O \longrightarrow mCa \cdot SiO_2 \cdot Al_2O_3 \cdot nH_2O \tag{4.9}$$

当体系生成物浓度达到一定值时,它们便互相啮合形成网状结构,进而形成凝胶,此时,尽管体系中仍有大量的水分存在,但它们已被大量的网状胶粒包围而不能自由运动。上述反应都是通过离子吸附和交换而完成。如果生成物胶粒水化膜的黏滞力小于胶粒间的范德瓦耳斯作用力,就有可能把微粒间夹层水膜排挤出去,当微粒直接接触后,将形成化学键,缓慢地生成硅、铝等含氧酸的复合物结晶,新生晶体会逐渐长大、发展,形成网络结构,并逐渐脱水干涸以稳定的结晶缩合结构成为结晶整体,而成为具有较高强度的水稳性材料。火山灰反应是一个缓慢、长期的过程,这是使赤泥基层混合料具有较高后期强度的根本原因。

4. 离子交换作用

离子交换作用是指基层材料中高价阳离子在一定的条件下替换某些低价金属离子(K^+,Na^+)等的作用。通过离子交换,基层材料颗粒凝聚而增强了黏聚力,并使其水稳定性提高。石灰、粉煤灰、赤泥加水拌和后,所形成的Ca^{2+}能与赤泥表面的K^+和Na^+等离子进行当量吸附交换：

$$赤泥 + Ca^{2+} + (Na^+ 或 K^+) \longrightarrow 赤泥 + Ca^{2+} + Na^+ (或 K^+)$$

5. 赤泥中的 $2CaO \cdot SiO_2$ 矿物质进行的类似于水泥的水硬性胶凝反应

多年存放的赤泥，结块以后赤泥表面形成水化产物的硬壳，在粉煤灰和石灰的激发作用下，表面的硬壳破坏，使内部赤泥可以进一步发生水化反应，从而形成硬化强度。

$$2Ca \cdot SiO_2 + mH_2O \longrightarrow xCa \cdot SiO_2 \cdot Al_2O_3 \cdot yH_2O + (2-x)Ca(OH)_2 \quad (4.10)$$

上述5种反应不是立刻完成的，而是随着时间的推移逐渐发展，经一段时期后才会结束。在此期间胶体、晶体不断增多、长大，彼此逐渐接触、交叉，除将未参加化学反应的赤泥和粉煤灰中的其他矿物黏结在一起外，还形成一个胶体加晶体的空间网络结构。这个坚固的空间网络是赤泥基层强度形成的结构原因。另外，形成赤泥基层强度的一个必要条件是压实。当混合料加水拌和后，应及时碾压，让上述化学反应在压实了的混合料中进行，如果不压实，化学反应照常进行，但形不成网络结构，反应后的混合料变为一堆具有一定水稳定性的松散集合体，没有强度，不能形成板体结构。

二灰结构经化学反应后形成胶结物，具有较高的强度稳定性，是一种气硬性及水硬性材料，需要较多的水分才能碾压成型。二灰赤泥早期强度的形成是硅酸化作用形成结晶缩合结构，其强度的形成是化学反应、物理-化学反应及物理-力学过程的相互影响和交叉。二灰混合料主要依赖于良好的结晶-缩合结构而获得较高的强度和稳定性。

4.4.2 烧结法赤泥流态化回填材料施工工艺

1. 原材料检验

原材料主要是烧结法赤泥，其颗粒最大粒径不大于 3.0 cm，符合产品标准及规范要求。

2. 固化材料

固化材料主要采用通用硅酸盐水泥或硫铝酸盐水泥，其材料质量及检验应符合产品标准及规范要求。

3. 添加剂材料

添加剂材料主要包括用于调节混合流动性、污染性的掺合料、外加剂等。

4. 适应性检验

各种原材料质量除应满足其产品标准外，还应进行适应性检验。

5. 固化质量检验

(1)试件制作。

①每个构造单元应至少制取三组试件。

②当同一配合比连续浇筑少于 400 m^3 时，应按每 200 m^3 制取一组试件。

③当同一配合比连续浇筑大于 400 m^3 时，应按每 400 m^3 制取一组试件。

(2)质量检验。

制备试件的 7 d 无侧限抗压强度应满足设计要求。

6.填筑体质量检验

采用 DCP 轻型动力触探仪,检测填筑体的承载力满足设计要求。

4.5 本章小结

本章对烧结法赤泥、生物质灰渣等固体工业废弃料的工程性质进行了试验研究,对其物质组成特征、基本物理性质和工程力学特征进行分析。主要结论如下。

(1)烧结法赤泥含有的主要化学组分为占总量 50% 左右的 SiO_2、CaO,15% 左右的铁铝氧化物,少量的 TiO_2、MgO、Na_2O、K_2O 和几十种微量稀散元素;拜耳法赤泥含有的主要化学组分为占总量 20% 左右的 SiO_2、CaO,50% 左右的铁铝氧化物,少量的 TiO_2、MgO、Na_2O、K_2O 和几十种微量稀散元素;分析颗粒特征可知,烧结法赤泥小于 0.005 mm 粒组含量为 19.6%～26.8%,其中小于 0.002 mm 胶粒含量为 15.2%～23.6%;烧结法赤泥具有很强的富水性能,含水率高,10 年期烧结法赤泥的含水率约为 32.2%,同时具有塑性,其塑性指数达 16.8。

(2)生物质灰渣基本物理性质方面:生物质灰渣呈黑色,颗粒大小不一,以球形颗粒为主,含有少量的"片状颗粒"和"条状颗粒",其砂粒组占比约为 75.6%,细粒组占比为 24.1%,自然含水率为 55%～65%,液、塑限和塑性指数,分别为 81.9%、24.2% 和 57.8%,比重为 1.72,为常规材料的 2/3,是一种轻质材料。化学性质方面:生物质灰渣的烧失量为 9.05%,pH 值为 10.7,呈碱性,自由膨胀率为 0。其他辅助材料水泥、粉煤灰、减水剂、水均能满足相关规范要求。

(3)通过对烧结法赤泥作注浆材料的性能试验研究结果如下。

①在烧结法赤泥中掺加不同比例的水泥和粉煤灰形成干粉混合料,与外加剂、水搅拌均匀并经过养生反应后可形成高流态、高和易性和高耐水性的轻质工程材料。

②试验研究表明,烧结法赤泥注浆材料的干密度可在 0.5～1.0 g/cm³ 范围内调节,强度可在 0.8～4.5 MPa 范围内调节;浇筑材料的流动度均随用水量的增加而增大,在加水量相同的情况下,增加水泥和粉煤灰的掺量,可以提高浇筑材料的流动性;随养护龄期增加,材料的强度不断增长,与水泥水化和粉煤灰二次水化作用过程相一致。同时,在干粉配合比相同的情况下,水粉比的增大会导致材料强度的下降。

(4)通过对生物质灰渣配合比设计及性能评价与分析,结果如下。

①各因素对稠度的影响主次顺序为 DACB,对于强度影响主次顺序为 BDAC。

②因素 A、B、C、D 与稠度皆为正相关,稠度随其掺量的增加而增加。

③因素 A、B 与强度成正相关,强度随其掺量的增加而增加,因素 D 与强度成负相关,强度随其掺量的增加而减小,对于因素 C 强度呈先增加后减少趋势。

④基于正交试验分析结果及经济性和资源化利用确定最佳配合比 A3B2C2D2,即胶结料混合料总量30%、水泥占胶结料30%、减水剂含量0.4%、水固比0.62。

⑤通过对最佳配合比进行追加试验,其强度和稠度均能满足要求,与常规回填材料相比其密度较小,湿密度仅为 1.42 g/cm³,分别为 8%灰土、二灰土、级配碎石密度的 78.8%、74.7%、61.7%,是较为轻质的回填材料。

第 5 章 高速公路改扩建桩板式路基窄幅拼接力学性能分析及优化

5.1 概 述

近年来,随着经济的快速发展和社会的不断进步,居民的收入不断增长,人们对汽车的需求也较20世纪末呈现指数式的增长。汽车数量的增加意味着公路运输需求的急剧增长,高速公路上经常出现通行缓慢甚至严重堵塞的现象;早期修建的高速路网地位突出,属于经济发达地区的交通干线,其通行能力已然不足,服务水平严重下降,交通安全日益险峻;此外,居民生活水平的提高也意味着交通出行次数的增加以及对出行质量要求的提高,高速公路的运营状况和通行环境受到了各方的高度关注。随着1997年广佛高速公路改扩建工程的开工,我国高速公路事业迎来了一个崭新的时代,即由大规模的新建高速公路转变为改扩建与新建并存、两种建设并重的局面。由于土地资源是不可再生资源,在已有高速公路走廊带内一般不会再开辟第二通道。为有效解决上述问题,只能对既有高速公路进行扩建,增设通行车道。而根据"十四五"发展规划纲要,各省已逐步实施对多个高速公路重点路段的改扩建方针。

重点路段高速公路所在区域人口相对密集,早期修建的高速路网地位突出,属于经济发达地区的交通干线,交通量大,若进行改扩建势必会影响通行能力,服务水平将明显下降,造成交通更加拥挤,故能否最大限度地减少对现有交通的影响是一个技术性难题。传统的路基填筑方案,必须大规模取土,而在改扩建公路的两侧往往为村庄、集镇或者是土地开垦程度较大的区域,该区域土地资源宝贵,征地十分困难。近年来,我国已进入高速公路改扩建事业的高峰期,通过20多年来积累的工程经验,高速公路改扩建事业有了长足的发展,积累了很多施工和设计经验,但传统的路基填筑方案仍存在着很多严峻的问题:征地困难,填土量大;施工周期长,对社会影响大;污染环境。桩板式结构在高速公路改扩建方案的提出,是在既有的码头、铁路已使用桩板式结构使用经验的基础上,结合高速公路荷载特点,形成的一种新型结构形式,桩间不需要填土,解决了征地困难、填土量大的问题。桩板式结构作为一种新型的桩板梁结构,较早应用于高速铁路上,主要由钢筋混凝土桩基和钢筋混凝土承台板组成。承台板通过特有的连接装置支撑在桩顶,其主要的工作机理是通过承台板将上部荷载传到桩体,桩体把荷载扩散到桩间土、下卧层或桩基底岩石层,从而达到控制松软土路基沉降与变形破坏的目的。应用于铁路上的桩板式结构多数为现浇承载板,桩基为钻孔灌注桩,而应用于公路上的桩板式结构,是由工厂预制的板梁、管桩组成的框架结构体系。桩板式结构的应用较传统路基填筑方案具有许多优点。

(1)桩板式结构刚度更大,工后沉降小。

(2)预制板梁、管桩可在工厂完成,现场组装,可实现机械化施工,桩板的施工可同步进行,大大减少了施工周期和改扩建项目对既有交通造成的影响,同时加快了新建项目建设进度。

(3)取消了传统路基边坡放坡宽度,较大地节省了征地面积,解决了征地困难的问题。

(4)在改扩建项目中桩板式结构可取消涵洞等结构物接长,水沟等附属设施也可继续利用,在加快施工进度的同时,充分利用既有结构。

(5)桩板式结构的桩基施工根据改扩建或新建项目不同可分别采用锤击或植桩法施工,施工技术成熟,无须特殊机械设备;预制板采用吊装,桩板采用标准化连接装置连接,施工简单。

(6)桩板式结构现场施工场地整洁,有序;对环境污染较少,绿色环保。

桩板式结构可较好地应用在征地困难、工期紧张、交通量大的高速公路改扩建项目中。这对于"十四五"发展规划纲要出台的加大力度进行高速公路改扩建建设政策,具有大规模的推广应用价值。该结构的提出与应用的时间较短,只有少数的工程实例采用了此方案,理论研究工作滞后,参考与借鉴资料缺乏等问题都在很大程度上限制了桩板式结构的应用。桩板式结构具有很强的灵活性及适用性,不仅适用于高速公路改扩建项目,作为一种结构也可以直接运用于新建项目中以应对深厚松软土地基、湿陷性黄土地基等不良地基,且在高填和软基路段中造价较一般路基具有一定的经济性优势。因此,对桩板式结构展开相关研究是很有意义的。

5.2 桩板式路基发展概况

桩板式结构在公路桥梁上运用的较少,但近几年已经逐渐应用在高速公路的改扩建项目中。

随着宏观经济的快速发展,交通量不断持续增长,汽车荷载日益重型化,早期修建的高速公路承载力逐渐饱和,道路服务水平正逐年下降,公路改扩建项目成为研究重点。考虑到当今土地资源不可再生,以及征地难、填土量大等问题,桩板式结构作为一种新型的结构被应用到公路的改扩建工程中。2016年在合肥绕城高速公路陇西枢纽路段改扩建工程中使用了新型公路拼宽板式无土路基试验段,并于2017年通车运行。

虽然在高速铁路上,桩板式结构作为一种新型路基结构形式推广运用到了很多铁路干线和支线的设计施工中,且提供了宝贵的工程经验,其设计理念和结构形式也在不断完善发展中,但由于铁路荷载和公路荷载的差异性,以及铁路规范和公路规范不同,因此桩板式结构在公路上的运用仍然存在一定的困难。

2017年,杨菲针对公路桥下穿软土区高铁桥梁,提出了桩板式结构和空心板梁桥两种结构形式并进行数值模拟研究。在均满足高速铁路结构保护及运营安全要求的情况下,桩板式结构较空心板梁,其整体性更好且养护维修工作量少。

许大晴等以高速公路改扩建项目为背景,提出了桩板式梁桥结构。并对该结构的桩板连接、板与既有路基连接等提出了设计思路。

2018年,郑吴惊运用ANSYS有限元软件,利用多点约束MPC法中的MPC184刚性梁设置,连接一体化桩柱中的实体单元与梁单元,以达到使多尺度连接界面两侧不同单元形式的管桩的协同受力、传递力和力矩以及协调位移变形的目的,并建立两种接头类型不同的桩板结构进行疲劳分析,以达到优选桩板接头的目的。

朱俊等以合肥至枞阳高速公路为背景,对桩板连接部位的疲劳性能进行了初步计算,并验证了填芯套筒式桩板连接方式的疲劳性能能够满足相关规范要求。杨庆云以合肥绕城高速公路拓宽工程为依托,以桩板式结构的预制及安装施工为研究对象,介绍了新型桩板式结构应用于公路上的施工工艺流程。

2019年,雷进依托G5011芜合高速公路林头至陇西立交段改扩建工程,建立桩与板连接构造的非线性有限元模型,验证了所设计的桩板连接构造满足工程项目的实际应用。

总结以往的研究,在铁路领域中,桩板式结构基本都是独立的新建结构,研究也是针对结构本身进行分析。而在公路领域中,由于涉及改扩建内容,需要考虑到桩板式结构与旧路基及土体之间的搭接,要建立包含桩板式结构、旧路基和土体三部分的整体模型,并对搭接处的受力和变形进行分析。除此之外,桩板式结构在公路领域的研究篇幅较少,缺乏在公路荷载作用下该结构系统性的研究,因此需要对其进行合理的参数设计,为后续的工程应用提出良好的建议。

5.3 桩板式路基分类与设计

5.3.1 桩板式结构分类

桩板式结构在铁路领域运用得较为广泛,在工程项目中也运用了多种类别的桩板结构形式,现大致整理了目前桩板式结构的主要形式,具体分类及各类介绍如图5.1~5.6所示。

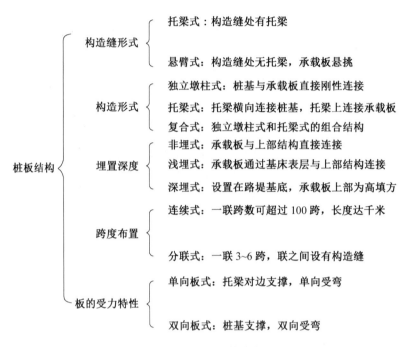

图 5.1　桩板式结构分类

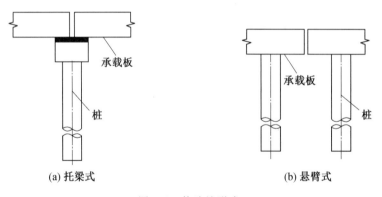

图 5.2　构造缝形式

第 5 章 高速公路改扩建桩板式路基窄幅拼接力学性能分析及优化

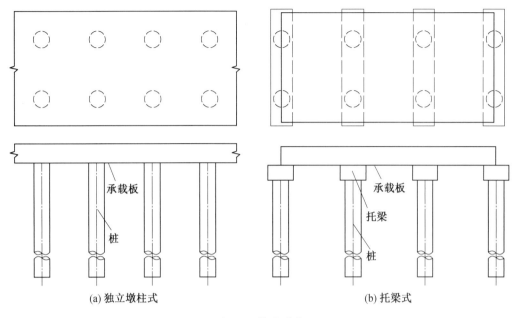

图 5.3 构造形式

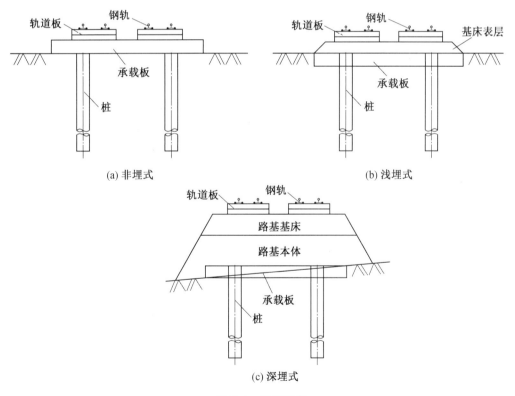

图 5.4 埋置深度

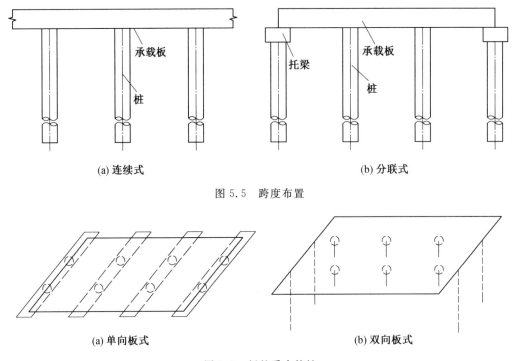

图 5.5 跨度布置

图 5.6 板的受力特性

5.3.2 桩板式路基结构设计

1.承载板设计方法

(1)承载板的理论计算。

在板壳理论中,根据板厚度与短边长的比值大小可分为薄板、中厚板和厚板三种。当厚度 t 与最短边长 L 之比 t/L 小于 $1/15$ 时称为薄板,$1/15<t/L<1/5$ 时称为中厚板,$t/L>1/5$ 时称为厚板。桩板式结构中的钢筋混凝土承载板属于薄板,其纵向和横向跨径尺寸相近,在受力行为上属于双向受力。在纵向加肋部分由于肋骨较厚,该处的受力行为可近似地视为纵向单向受力。在靠近外侧的混凝土板为悬臂受力,纵向端部位置的传力方式与其他部位不同。悬臂端由于设置了防撞栏杆,车辆荷载不会作用在悬臂端部,因此受力影响不大。纵向端部位置与跨中位置不同,跨中位置力的传递方向为四向传递,而在端部位置,荷载作用到承载板上为三向传递,理论上来说端部位置的受力更为不利。

依据弹性薄板理论,对于规则的薄板结构,在微小的变形情况下,通过给定较为简单的边界条件,才有可能得出基本微分方程的解析解。1820 年 Navier 用双正弦级数解简支板,1899 年 Levy 找到了两对边简支、另两边任意的矩形板级数解。对于属于双向板且在任意点有支撑,有纵肋以及复杂边界条件的承载板,无法对其进行解析解,只能考虑用有限元的方法求其近似解。

(2)承载板设计的基本流程。

①依据公路改扩建要求,确定加宽宽度。

②初步拟定承载板的材料参数以及结构尺寸,包括板厚、板长、纵肋肋高、纵肋倒角以及纵肋中心距悬臂端的距离等。

③确定活载加载方式、加载位置以及最不利的荷载效应组合。

④按照刚构连续板的计算模型建立有限元模型,并以影响线法对板最不利位置布置荷载,求得截面弯矩和剪力包络图。

⑤根据结构设计原理进行配筋设计。

⑥验算在最不利荷载组合下承载板的强度以及各项指标是否满足设计要求。

⑦调整桩与承载板的各项参数,得到一系列不同组合的桩板组合方案,在不同的组合方案下,根据技术经济指标及实际工程规划,选定最佳桩板组合方案。

(3)承载板的施工技术。

高速公路改扩建工程中的桩板式结构的承载板采用的是预制拼装。承载板与承载板之间通过现浇接缝连接为整体。预制承载板的施工流程包括承载板的预制、运输、吊装以及接缝的施工。

承载板的预制要明确其预制流程、方法以及相关的质量控制标准,确保承载板预制的质量。除此之外,对于承载板的预制要考虑到与施工的配合,桥面板施工的整个过程,保证预制场能够及时提供承载板且又不会有大量积压,实现整个过程的流水化施工。承载板的运输主要是依靠运输标准的制定,包括运输设备、运输数量、桥面板的保护措施等等。预制承载板的安装是一项精度要求较高的工作。在进行吊装时,要考虑承载板吊点的布置、承载板安装定位和精度控制等。预制承载板之间的接缝为现浇接缝,接缝施工的关键为钢筋对准、横向钢筋布置、架设模板并完成浇筑。采用合理的模板布置形式能够保证接缝浇筑质量和外观,加快接缝浇筑速度。预制板平曲线及竖曲线由高精度的折线拟合而成,通过调整预制板间的夹角及湿接缝尺寸形成竖曲线,通过调整湿接缝两侧宽度形成平曲线,单跨的平(竖)曲线拟合误差通过湿接缝段补偿。预制板顶底面均为水平预制及板面无纵横坡度,桥面横坡以预制板面中线为基准线,旋转形成横坡。

2. 桩柱设计方法

桩的参数包括桩径、桩长、纵向桩间距以及横向桩间距。其设计思路是按照沉降控制设计理念,在一定的沉降变形范围内,验算单桩承载力能否满足要求。在给定的多个桩与板的结构方案下,能否达到沉降变形范围,并且使得承载板与桩土共同协调受力以达到大幅度降低建设成本的目标,都是在桩基础设计过程中需要考虑的内容。

(1)桩柱参数设计。

①桩长。根据工程地质条件即土层的竖向分布特征及土质,结合上部结构形式、荷载分布和施工技术的可能性等因素确定持力层,从而确定桩长。

②桩径。桩径是桩的横截面尺寸。桩的截面形式有很多种,例如方形桩、圆形桩、矩形桩、多角形桩以及异形桩。桩径的确定要考虑各类桩型的最小桩径要求。

③桩间距。根据荷载的大小、作用方向以及动静等要求,控制单桩承载力主要是依据上部结构传递的荷载大小,单桩承载力的取值要顾及布桩的间距性。如桩间距过小,单桩承载力不能充分发挥,给施工造成困难,造价成本提高;桩间距过大,单桩承载力无法满足

承载需求,可能要增加桩径、桩长以及承载板的厚度,必要时需在承载板内增设预应力钢筋,整体施工复杂性提升。

(2)桩柱一体化设计。

桩柱一体化设计为桩板式结构的构造特点,桩柱全部采用预制管桩,预制管桩结构能够更好地保障管桩质量,有利于工期控制,使得施工更加便利,也便于进一步开展工业化批量生产。桩柱主要受到弯压作用,产生弯压作用的主要因素包括:结构自重荷载,车辆荷载,温度效应,沉降效应以及车辆制动力。其中,车辆效应和车辆制动力对桩柱的弯矩影响最大。埋入土层部分会受到土层的侧向推力以及竖向摩擦力。由于管桩采用工厂预制,其施工质量容易保证,结构承载能力也较为明确。因上部结构以及车辆荷载全部将通过管桩传递至地基,在设计中考虑各种不利荷载因素对管桩的作用是十分必要的。管桩的直径相对其他类型桥梁的下部结构来说是比较细的,管桩受力的安全性必须得到保障。

国内外常用的预制管桩施工方法主要有锤击、静压。对于新建桩板式结构可采取锤击、静压施工方法和中掘法。桩柱位于既有路基边坡上,传统的管桩施工对既有路基影响大,可采用影响较小的植桩法进行施工,植桩法在公路上应用较少,需考虑旋挖成孔、灌注砂浆、吊机植桩、振动锤击等关键施工工艺及质量控制标准,对植桩的孔径、填充料配比等关键指标进行分析,通过实地试桩,确定植入桩极限破坏模式及关键控制因素。

在改扩建过程中,由于采用的是装配化施工,需要考虑既能方便施工,又能满足受力性能基础上选择合适的连接方式。板桩之间的连接刚度是影响桩板式结构受力性能的重要因素,连接刚度大,结构整体性能较好,但在沉降和温度等荷载作用下的受力较差;相反,连接刚度小,结构整体性较差,但在温度和沉降荷载作用下受力较好。在铁路领域中,桩板式结构的承载板与桩柱固结。在实际工程中,固结也是一个容易实现的连接方式。

5.4 桩板式路基用于窄幅拼接数值模拟

5.4.1 工程设计概况

本研究进行的桩板式路基模型来源为北京至台北高速公路济南至泰安段改扩建工程设计。本项目依托工程为"六改八扩建工程",单幅拼宽距离仅 3.25 m,属于窄幅拼接领域,项目沿线经过河流,水资源保护任务艰巨,且沿河段路基湿软,路基拓宽工作难度大。公路桩板式路基作为一种新兴的路基结构,具有结构刚度大,运营后期沉降小,适用范围广的技术特点,是处理深厚软土地基、湿陷性黄土、淤泥质土等特殊路基工程的有效技术手段。特别适用于高速公路拓宽改建项目路基施工,对原路基不扰动、工作面受限区域的预制管桩施工效益显著。京台高速济泰段桩板式路基结构标准图如图 5.7 和图 5.8 所示。

第 5 章 高速公路改扩建桩板式路基窄幅拼接力学性能分析及优化

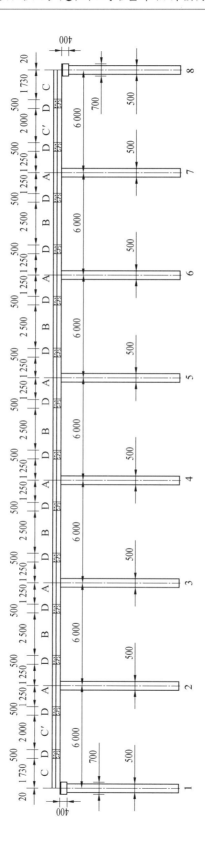

图 5.7 桩板式路基立面图

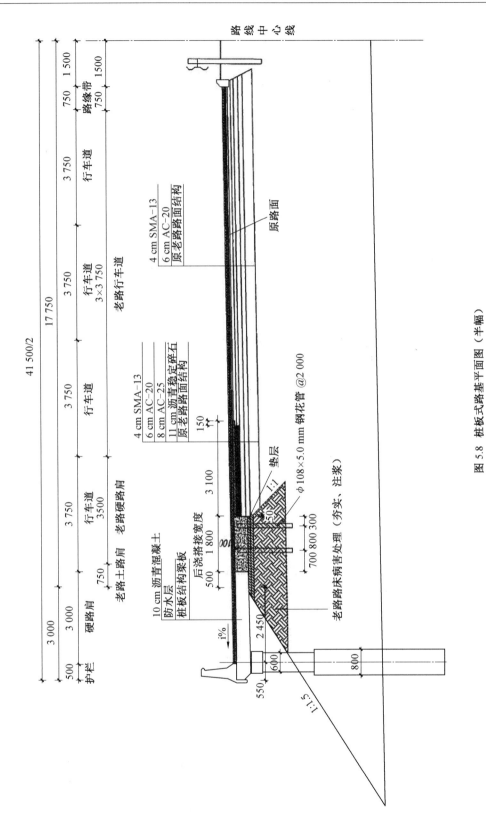

图 5.8 桩板式路基平面图（半幅）

(1)上部结构。

①上部结构采用预制钢筋混凝土板,标准跨径 6 m,拼宽 6.25 m 段采用 15 孔一联,标准联长 90 m;拼宽 3 m 段采用 7 孔一联,标准联长 42 m,联端设无缝伸缩缝,缝宽 4 cm。因跨越盖板涵、圆管涵等结构物,设置非标准跨径 6.5 m 和 5.6 m。既有路基宽度为 35.5 m,拼宽后总宽度为 41.5 m,两侧各设置 0.5 m 防撞护栏。设计范围内板的拼宽宽度分为预制板宽度和现浇板宽度,其中拼宽 6.25 m 的预制板宽度为 6.25 m,现浇板宽度为 2.8 m;拼宽 3 m 的预制板宽度为 3.5 m,现浇板宽度为 1.8 m,预制板预留横向钢筋,与现浇部分连接成整体。

根据位置不同,梁板可分为 A、B、C′、C、D 板,其中 D 板为 0.5 m 宽现浇湿接缝(6.5 m 和 5.6 m 跨径对应的 D 板宽为 0.75 m 和 0.3 m),其余板为工厂预制板。A 板、B 板、C″板横向跨中板厚为 26 cm,悬臂端厚为 20 cm,加腋根部 46 cm 厚,沿顺桥向等厚度布置。位于联端(伸缩缝端)的 C 板为提高刚度和强度,跨中板厚与加腋根部同厚,为 46 cm;悬臂端板厚为 20 cm;纵向加厚范围为联端 1 m 范围。

安装预制板时,在土路肩上设置纵向 C20 素混凝土垫块,宽 0.5 m。预制板、垫块、现浇板均在联端断开,并设置 4 cm 伸缩缝。

②预制板平曲线及竖曲线由高精度的折线拟合而成:通过调整预制板间的夹角及湿接缝尺寸形成竖曲线,通过调整湿接缝两侧宽度形成平曲线,单跨的平(竖)曲线拟合误差通过湿接缝段补偿。承包商在预制板时应根据平曲线超高设计要求采用直线拟合,严格控制预制板两个端面控制点高程,直线拟合引起的桥面错台通过铺装调整。

预制桥面板顶底面均为水平预制(桥面无纵横坡度),预制空心墩顶面也为水平结构(无纵横坡),桥面横坡以预制桥面中线为基准线,旋转 2% 形成横坡,预制空心墩顶面与预制板间的坡度依靠高弹改性聚合物矩形垫块(过渡桩)、高模量改性聚合物圆环垫片(一般桩)、改性聚合物弹性垫片(圆环内现浇 1 cm 高聚合物)及黏结胶(用于粘贴圆环垫片与桩基端板)调整形成。

③预制板所有节段均在工厂预制完成,运输到桥位附近进行吊装,湿接缝钢筋连接后,现浇桥面外侧波形护栏底座等附属设施后成桥。

(2)下部结构。

原路侧挡墙段的下部采用先张法预应力混凝土空心墩、薄壁台和混凝土扩大基础。

预制空心墩的配筋(预应力钢筋及普通钢筋)需满足《混合配筋预应力混凝土管桩》(DBJ/T 20—60)(图集号川 13J137—TJ)中相应型号的配筋。

拼宽 3 m 段的下部采用柱式墩、柱式台、薄壁台、管桩基础和钻孔灌注桩基础。根据地勘显示,局部地质条件有可能出现桩基钻孔塌孔、成孔困难的问题,对于此段落,桩基采用预制管桩,通过锤击沉桩方式将预制管桩打入设计标高,并根据每米锤击数、贯入度等指标,结合地勘判断终止锤击。对于个别沉桩长度较小、周边地质条件差的预制管桩,采用注浆加固处理。

(3)预制墩顶与板连接构造。

预制墩顶与板连接如图 5.9 所示,墩顶焊接 U 型钢筋,并在墩顶与板之间焊接垫片底钢板,放置改性聚合物圆环垫片;通过梁板预留孔后浇灌浆料与预制板实现半固结。

联端桩与小盖梁通过预埋钢板与预制空心墩端板焊接,梁板放置在小盖梁上,如图 5.10 所示。

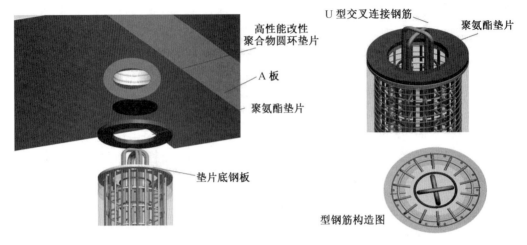

图 5.9　预制墩顶与板连接构造

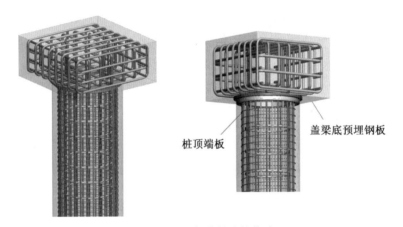

图 5.10　墩顶与盖梁连接构造

(4)板与路基连接构造。

现浇混凝土及垫块下设 20 cm 厚 C20 透水混凝土垫层,透水混凝土以下再设 10 cm 厚 C20 素混凝土不透水垫层,不透水垫层顶面应设置乳化沥青防水层(膜厚不小于 1 mm)。透水混凝土要求透水性不小于 1 mm/s,以形成良好的横向路面层间水排水通道。现浇板横向与水泥稳定碎石间设 1 cm 伸缩缝,用高弹聚氨酯灌缝。高弹聚氨酯灌缝内侧铺设 2 cm 厚三维排水土工网。

开挖至垫层底面后须对旧路路床病害进行处理,如进行夯实和灌浆等。要求处理后的路床顶面综合回弹模量不小于 80 MPa。路床顶面综合回弹模量应采用落锤式弯沉仪进行验证,如未达到指标要求,则应对路床及更深层的路堤继续进行处理,直至满足要求后方可浇筑垫层混凝土,并不得以加大垫层混凝土厚度来代替路床处理。

5.4.2 桩板式路基结构有限元建模与分析

1. 地质条件

(1)路线经过区域地貌类型主要为低山丘陵地貌单元,局部为山前倾斜平原地貌单元。勘探范围主要见第四系填土、黏土、粉质黏土、粉土、砂等;下伏基岩主要为奥陶系灰岩、泥质灰岩、斜长角闪岩、混合岩类片麻岩及花岗岩等。

(2)工程地质岩组。本次勘察土体定名按《公路工程地质勘察规范》(JTG C20—2011)和《公路桥涵地基与基础设计规范》(JTG 3363—2019)执行。工程地质层组划分原则主要依据其岩性、地质时代、成因类型、土体物理力学指标等执行。根据岩土工程勘察资料,拟建工程场地及周边地形地貌较简单,地层岩性主要为第四系覆盖层、寒武系灰岩及混合岩类。

①土体工程地质特征。

a.山前平原松散堆积类岩组。分布于拟建场区山前倾斜平原及河谷两岸的山麓地带,为冲洪积物、残坡积物,岩性以黏土、粉质黏土、粉土、砂及卵碎石等为主,砂、砾、卵石磨圆度一般。

b.山间谷地松散堆积类岩组。分布于拟建场区山间谷地一带,为冲洪积物,岩性以粉质黏土、粉土、砂、卵碎石等为主,灰岩区分布有黄土状土,砂、砾、卵石磨圆度较好。

②岩体工程地质特征。

根据岩石性质、坚硬程度及出露情况,将区内岩体划分为两种工程地质类型,即坚硬-半坚硬的中厚层-厚层状灰岩岩组、坚硬的块状侵入岩及变质岩岩组。

a.坚硬-半坚硬的中厚层-厚层状灰岩岩组。岩性为奥陶系至中寒武系张夏组灰岩、白云质灰岩、夹泥灰岩、页岩。灰岩较坚硬、致密、性脆,力学强度较高,工程地质条件良好。当存在软弱结构面时,地层倾向与坡向一致、倾角小于坡角时,在开挖边坡上易产生崩塌和滑坡等地质灾害。

b.坚硬的块状侵入岩及变质岩岩组。岩性以花岗岩、花岗片麻岩、片麻岩、闪长岩及角闪岩等为主,岩石坚硬、性脆、致密,块状结构,力学强度高,山区风化带厚一般小于 5 m,平缓丘陵区厚一般为 10~30 m,工程地质条件良好,其地质情况如图 5.11 所示。

2. 地震

所经区域历史上未发生过大地震,近 400 年来,省内外发生的地震波及境内的有 10 余次,轻者使桌椅晃动,重者造成少数房屋倒塌。从已有的地震资料来看,区域内历史记载仅有微震发生,大多为境外波及地震,沿线地区地层、地貌活动平静,为相对稳定地区。根据《中国地震动参数区划图》(GB 18306—2015),路线穿越区域地震动峰值加速度系数为 0.05、0.10,需按相关规范采用相应的抗震、防震措施。

3. 桩板式路基有限元建模思想

本项目依托工程桩板式路基,采用独立墩柱式,该结构类型的板双向受力,因此,其接触力学及边界条件比较复杂,其界面接触涉及桩-土接触、板-土接触、板-桩接触以及板与旧路基的接触等非线性本构模型。常规的解析方法无法得出精确且收敛的解析解,

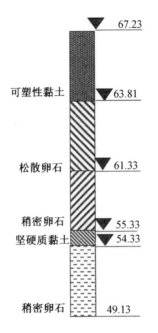

图 5.11 项目地质状况

有限单元法作为一种计算工具,已经在工程领域得到了广泛应用。本次有限元采用 ANSYS 计算程序对桩板式路基进行结构模拟分析,其中,路基板、桩柱、旧路基、路面体均采用空间实体单元进行模拟。

(1)模拟单元的选取。

在本次数值模拟中,路基板、桩柱、旧路基、路面体采用 SOLID45 单元来模拟。如图 5.12 所示。其应用八个节点来模拟空间实体单元,其每个节点均有三个自由度,可以实现弹性应力—应变、塑性蠕变、塑性流动、大变形、大应变等力学特性的模拟。在有限元数值模拟单元划分时,有六面体单元和四面体单元,本项目数值仿真网格划分采用六面体单元,该单元的位移特征是保证三个方向均为线性位移,且相邻的两个单元也是位移连续的,具有较高的模拟精度。

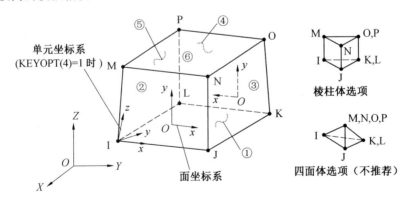

图 5.12 SOLID45 单元的几何描述

(2)本构模型的选取。

路基板、桩柱、旧路基、路面体的有限元模型均采用各向同性的线弹性模型,即其本构模型复合广义胡克定律,在加载、卸载过程中,应力-应变呈线性关系,无残余变形。

关于路基土的本构模型,目前较为常用的本构模型可分为线弹性地基模型、非线性弹性地基模型、弹塑性地基模型、黏弹性模型、边界面模型及内蕴时间模型。线弹性模型主要包括其中线弹性地基模型有 Winkler 地基模型、弹性半无限地基模型和分层地基模型等;非线性弹性地基模型中有 Dunan-Chang 模型;弹塑性地基模型包括 Cambridge 模型、Mohr-Coulomb 模型以及 Drucker-Prager 模型等。

因为剪切型 Mohr-Coulomb 屈服面在主应力空间是六棱锥面,其导数在角点处无法连续,给计算造成困难。并且若要在 ANSYS 软件使用 Mohr-Coulomb 模型,只能在计算以后通过单元表的方式自行处理,或者通过对 ANSYS 软件进行二次开发。但是 Drucker-Prager 模型是 ANSYS 软件自带模型,能够较好地使用,故本研究中土体的本构关系采用 Drucker-Prager 模型。

(3)接触模型。

不同岩体材料的接触参数见表 5.1。

表 5.1 不同岩体材料的接触参数

接触材料	摩擦系数 tan$s$	摩擦角 S
用于支护如下岩土类型的浇筑混凝土或混凝土板桩:		
干净的砾石、砾砂混合土、含碎石且级配良好的堆石	0.4~0.5	22~26
干净的砂、粉质砂砾混合土、单一粒径的硬岩堆石	0.3~0.4	17~22
粉质砂、混有粉土或黏土的砾石或砂	0.3	17
细砂质粉土、无塑性粉土	0.25	14
建于如下岩土材料中的大体积混凝土:		
干净的敲击声脆的硬岩	0.7	35
干净的砾石、砾石和砂的混合土、粗砂	0.55~0.6	29~31
干净的细砂到中砂、粉质中砂到粗砂、粉质或黏土质碎石土	0.45~0.55	—
干净的细砂、粉质或黏土质细砂到中砂	0.35~0.45	19~24
细砂质粉土、非塑性粉土	0.3	17~19
刚度大且坚硬的残积土或先期固结黏土	0.40~0.50	22~26
中等坚硬到坚硬的黏土和粉质黏土	0.3~0.35	17~19

4. 计算参数与边界条件

(1)桩板式结构尺寸参数。

依托工程试验项目中的桩板式路基结构形式,标准跨径为 6 m,设置 7 跨,并沿纵向两侧各延伸半个跨径,承载板长为 48 m,厚为 0.46 m,现浇板宽度为 2.8 m;拼宽 3 m 的预制板宽度为 3.5 m,现浇板宽度为 1.8 m,预制板预留横向钢筋,与现浇部分连接成整体。桩板式路基上铺装 10 cm 厚沥青混凝土铺装+防水层。

桩板式路基为圆形,直径为 60 cm,长为 26 m,在有限元分析过程中,涉及桩-土接触的问题,由于圆形桩不易划分合适的网格,故采用面积等效法,将圆形桩等效为方形桩。

根据工程实际情况,考虑有限元的分析效果及准确性,将模型长度设置为 48 m,土体深度为 26 m,土体顶面宽度为 9.6 m,底面宽度为 35 m。旧路基段设有原面层、原基层和原底基层,厚度分别为 0.32 m、0.15 m 和 0.36 m。原面层、原基层和原底基层之间是连续的。

有限元建模中,X 轴为桩板式结构的横断面方向,Z 轴为桩板式结构的纵断面方向,Y 轴为桩板式结构的竖直方向。桩板式结构横断面以及纵断面示意图分别如图 5.13 与图 5.14 所示。

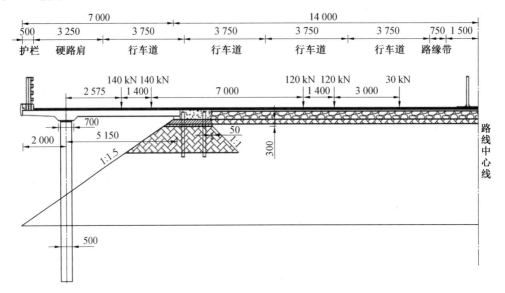

图 5.13 结构有限元断面尺寸图

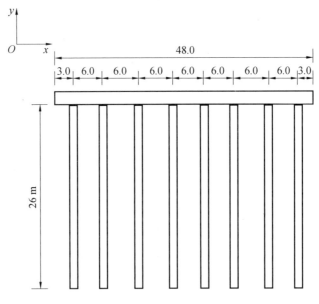

图 5.14 有限元纵向断面尺寸图

(2)主要材料参数。

在本项目有限元模拟过程中,主要材料有搭板、桩柱、现浇段、横向搭板、沥青铺装层、原面层、原基层、原底基层和土体,其中承载板、现浇段和横向搭板为C40混凝土,桩柱为C80混凝土,具体材料参数值见表5.2。

表5.2 有限元模拟参数

材料	弹性模量/MPa	密度/(kg·m^{-3})	泊松比	黏聚力/kPa	内摩擦角/(°)	膨胀角/(°)
搭板	35 000	2 500	0.2	—	—	—
桩柱	38 000	2 500	0.2	—	—	—
横向搭板	35 000	2 500	0.2	—	—	—
现浇段	35 000	2 500	0.2	—	—	—
沥青	11 500	2 460	0.35	—	—	—
原面层	10 500	2 440	0.3	—	—	—
原基层	13 500	2 300	0.25	—	—	—
原底基层	11 500	2 300	0.25	—	—	—
土体	60	1 950	0.28	16.5	27	0

(3)荷载参数。

桩板式路基主要作用荷载为永久荷载和移动荷载。永久荷载主要包括护栏、沥青混凝土铺装层、承载板等,移动荷载主要包括交通荷载。

①护栏荷载计算。由于护栏截面形状不规则,在计算其自重时,做了一定的简化,将护栏按照面积等效简化为高120 cm、宽25 cm、长与桩板式路基齐平的长方体。每一联防撞护栏自重荷载为:1.20 m×0.25 m×6 m×2 500 kg/m³×9.8 N/kg=4.41 kN,每一联作用面积为0.25 m×6 m=1.5 m²,则将护栏简化为均布荷载,荷载大小为4.41 kN÷1.5 m²=2.94 kN/m²。

②10 cm沥青混凝土铺装层荷载计算。沥青混凝土铺装层荷载可以简化如下:以1 m²为例,每平方米沥青混凝土质量为2 460 kg/m³×0.1 m×1 m²=246 kg,则均布荷载为246 kg×9.8 N/kg=2.41 kN。

③承载板荷载计算。本项目依托工程桩板式路基承载板,采用C40装配式预制吊装板,重度为25 kN/m³,因此,由承载板产生的荷载为6.25 m×0.2 m×1 m×25 kN/m³=31.25 kN。

④车道荷载。对于车道荷载,桩板式路基采用纵向加载的方式进行,根据《公路桥涵设计通用规范》(JTG D60—2015),高速公路桥涵设计采用公路-Ⅰ级荷载进行计算,均布荷载如图5.15所示。

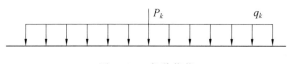

图 5.15 车道荷载

公路-Ⅰ级车道荷载均布荷载标准值为 $q_k=10.5$ kN/m；集中荷载标准值 P_k 取值见表 5.3。

表 5.3 集中荷载标准值 P_k 取值范围

计算跨径 l_0/m	$l_0 \leqslant 5$ m	$5 < l_0 < 50$ m	$l_0 \geqslant 50$ m
P_k(kN)	270	$2(l_0+130)$	360

由图 5.15 可知，承载板上有一条行车道和一条应急车道（硬路肩），由于正常情况下应急车道上不允许车辆通行或者停靠，所以只在行车道上施加车道荷载。即桩板式路基结构分析时，只算单个车道荷载。

根据《公路桥涵设计通用规范》(JTG D60—2015)，对于车道荷载，需要考虑横向分布系数的影响，横向车道布载系数见表 5.4。

表 5.4 横向车道布载系数

横向布载车道数/条	1	2	3	4	5	6	7	8
横向布载车道系数	1.2	1	0.78	0.67	0.6	0.55	0.52	0.5

车道荷载的均布荷载与集中荷载按承载板的最不利位置进行加载，即影响线加载。车道荷载的均布荷载标准值应满布于使结构产生最不利效应的同号影响线上；集中荷载标准值只作用于相应影响线中一个影响线峰值处。

⑤车辆荷载。《公路桥涵设计通用规范》(JTG D60—2015)中给出了沿线路运行方向的车辆荷载横向布置图，如图 5.16 所示，车辆荷载在沿线路运行方向布置时应按距离道路边缘 0.5 m 布置。

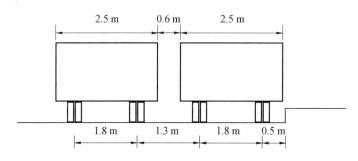

图 5.16 车辆荷载横向布置

(4)主要计算工况拟定。

如图 5.13 所示，本项目为单车道扩建，桩板结构宽度为 6.25 m，桩板结构模型为有两个车道，为减少旧路基部分与连接板处的不均匀沉降，在外侧行车道处采用了横向搭板以过渡差异沉降,但横向搭板与旧路基拼接处,刚度变化较大,容易产生纵向裂缝,且在横载一定的情况下,不同的车辆荷载作用位置,对整个桩板结构的影响差别较大,组合荷载作用下结构最不利工况无法确定。基于此,本项目拟定五个不同的工况,设定了单车车辆荷载、双车车辆荷载,以距离承载板悬臂端距离为变化因素,沿道路横向进行加载,进行承载板、旧路基接触面压应力、现浇段最大间隙、横向搭板最大间隙作为力学计算指标,以确定最不利荷载作用位置。设定工况见表5.5。

表 5.5 各工况条件设定

车辆荷载	工况	荷载布置
单车车辆	一	永久荷载＋可变荷载(外侧车轮距悬臂端1.1 m)
	二	永久荷载＋可变荷载(外侧车轮距悬臂端2.1 m)
	三	永久荷载＋可变荷载(外侧车轮距悬臂端3.1 m)
	四	永久荷载＋可变荷载(外侧车轮距悬臂端4.1 m)
双车车辆	五	永久荷载＋可变荷载(外侧车轮距悬臂端0.9 m)
	六	永久荷载＋可变荷载(外侧车轮距悬臂端1.7 m)
	七	永久荷载＋可变荷载(外侧车轮距悬臂端2.5 m)
	八	永久荷载＋可变荷载(外侧车轮距悬臂端3.3 m)

5. 计算结果分析

京台高速改扩建工程济南至泰安段桩板式结构有限元模型如图5.17所示。

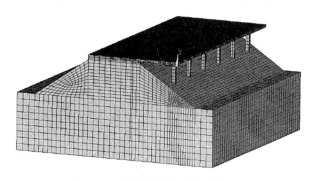

图 5.17 桩板式结构有限元示意图

(1)接触分析。

在京台高速改扩建济南至泰安段工程中,桩板式路基承载板与旧路基搭接,搭板与现浇段、桩柱等进行刚性连接。在永久荷载与可变荷载联合作用下,桩板式结构的拼接部位会发生变形。为使得本次数值模拟更为接近实际,在有限元分析过程中,承载板结构与旧路基土体、承载板结构与旧路基采用面一面接触的方式进行模拟。在永久荷载与可变荷载联合作用下,承载板与旧路基土体之间、承载板与旧路基之间的作用十分复杂。本小节将对不同可变荷载位置下,接触面的应力-应变状况进行分析,如图5.18和图5.19所示。

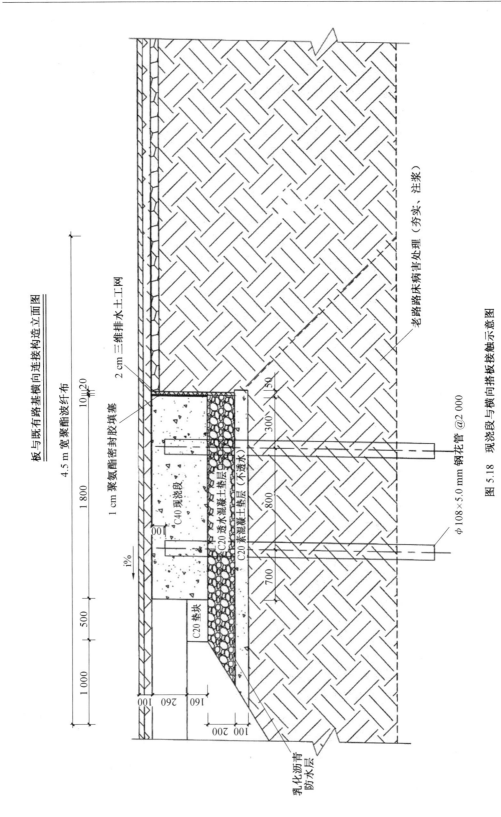

图 5.18 现浇段与横向搭板接触示意图

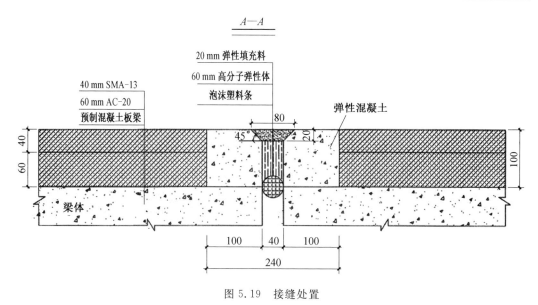

图 5.19 接缝处置

(2)单车荷载。

在单车车辆荷载作用下,桩板式路基结构在与旧路基拼接处应力与变形状况如图 5.20 所示。界面最大摩擦力如图 5.21 所示。

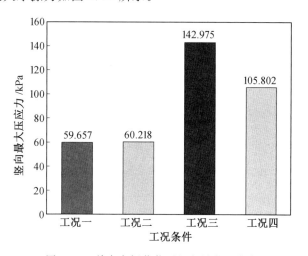

图 5.20 单车车辆荷载下竖向最大压应力

由图 5.20 和图 5.21 可知,在单车车辆荷载作用下,工况一、工况二的最大竖向压应力差别不大,这是由于车辆荷载主要作用在承载板上,旧路基分布尚未接触荷载,随着车辆荷载向旧路基移动,最大竖向压应力显著增大,即工况三条件下,最大竖向压应力达到最大,随着荷载移动,一侧荷载作用在旧路基上,导致最大竖向压应力减小;对于承载板与旧路基的最大摩擦力,则呈现出与最大竖向压应力相同的规律,但数值上要小于竖向压应力。

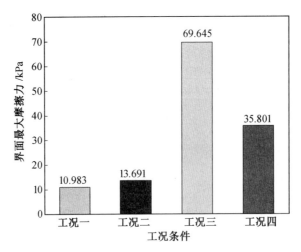

图 5.21　单车车辆荷载下界面最大摩擦力

单车车辆荷载作用下,现浇段与旧路基分离状况如图 5.22 和图 5.23 所示。

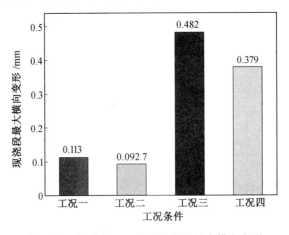

图 5.22　单车车辆荷载下现浇段最大横向变形

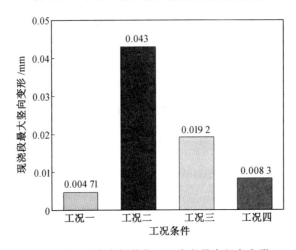

图 5.23　单车车辆荷载下现浇段最大竖向变形

第5章 高速公路改扩建桩板式路基窄幅拼接力学性能分析及优化

图 5.22 和图 5.23 显示了不同工况条件下现浇段与旧路基的最大横向变形和竖向变形,这是由于在荷载作用下,由于现浇段和旧路基的变形,现浇段与旧路基分离。现浇段变形越大,则与旧路基分离越严重。由图 5.22 可知,单车车辆荷载作用下,随着荷载位置的移动,现浇段的横向变形呈现出先减小后增大再减小的趋势,在工况三横向变形达到最大,为 0.482 mm,现浇段竖向变形则是在永久荷载与可变荷载的作用下,由于纵向变形,与旧路基顶部垫层发生分离,由图 5.23 可知,竖向变形随着荷载的移动,呈现出先增大后减小的趋势,在工况二时达到了最大值 0.043 mm。

(3)双车荷载。

双车车辆荷载作用下,桩板式结构与旧路基的应力变化如图 5.24 和图 5.25 所示。

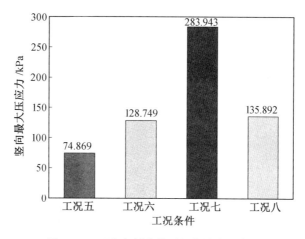

图 5.24 双车车辆荷载下竖向最大压应力

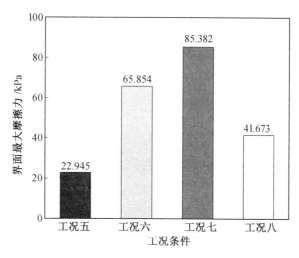

图 5.25 双车车辆荷载下界面最大摩擦力

由图 5.24 和图 5.25 可知,在双车车辆荷载作用下,随着荷载移动,最大竖向压应力呈现出先增大后减小的趋势,在工况三条件下达到最大值 283.943 kPa;摩擦力则呈现出与竖向最大压应力相似的规律,只是在数值上要小于竖向压应力。

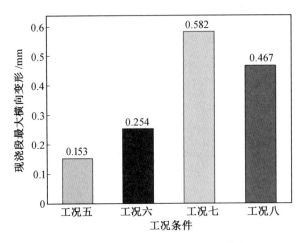

图 5.26 双车车辆荷载下现浇段最大横向变形

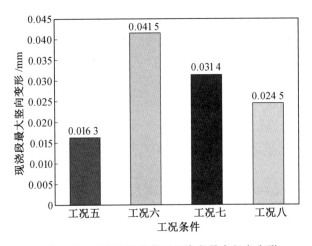

图 5.27 双车车辆荷载下现浇段最大竖向变形

由图 5.26 和图 5.27 可以看出,在双车车辆荷载作用下,现浇段的最大横向变形和最大竖向变形均呈现出先增大后减小的趋势,且最大横向变形在工况三条件下达到最大值,为 0.582 mm,最大竖向变形在工况二条件下达到最大值,为 0.041 5 mm。

(4)应力与内力分析。

在永久荷载与可变荷载作用下,桩板式结构内部会产生拉应力和压应力。加之混凝土结构具有较强的抗压能力,但其抗拉能力较弱。因此,对桩板式结构进行受力分析是十分必要的,对桩板式路基在不同工况条件下内力分析计算结果见表 5.6。

表 5.6　单车荷载下桩板结构内力分析计算结果

力学指标	工况一	工况二	工况三	工况四
横向拉应力/MPa	0.94	2.93	2.02	1.08
横向压应力/MPa	1.49	2.85	1.96	1.21
纵向拉应力/MPa	2.36	1.58	1.29	0.84
纵向压应力/MPa	2.26	1.84	1.53	1.16
主拉应力/MPa	2.37	2.91	2.36	1.48
主压应力/MPa	2.61	3.48	2.91	2.36
最大剪应力/MPa	0.92	1.48	1.25	0.94

单车车辆荷载作用下主拉应力、主压应力及最大剪应力如图 5.28~5.30 所示。

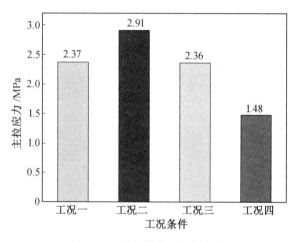

图 5.28　单车荷载下主拉应力

由图 5.28~5.30 可知，在单车车辆荷载作用下，随着荷载的移动，主拉应力、主压应力及最大剪应力均呈现出先增大后减小的相同趋势，且均在工况二条件下达到了最大值，分别为 2.91 MPa、3.48 MPa 和 1.48 MPa。

双车车辆荷载作用下，主拉应力、主压应力及最大剪应力如图 5.31~5.33 所示。具体计算结果列于表 5.7。

由图 5.31~5.33 可知，在双车车辆荷载作用下，桩板结构随着荷载移动呈现出先增大后减小的趋势，主拉应力在工况七条件下达到最大值，为 3.67 MPa；主压应力及最大剪应力则在工况六条件下达到了最大值，分别为 5.28 MPa 和 2.21 MPa。

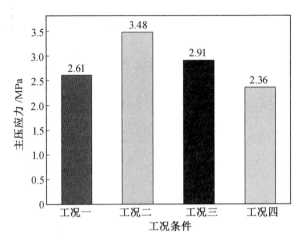

图 5.29 单车荷载下主压应力

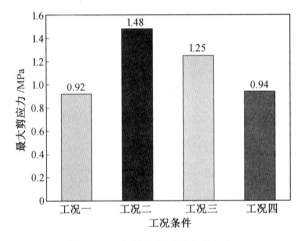

图 5.30 单车荷载下最大剪应力

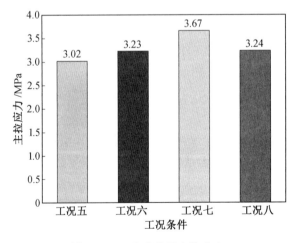

图 5.31 双车荷载下主拉应力

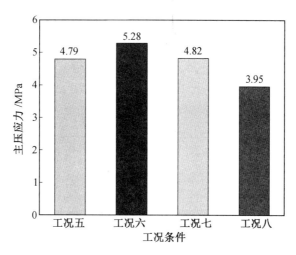

图 5.32 双车荷载下主压应力

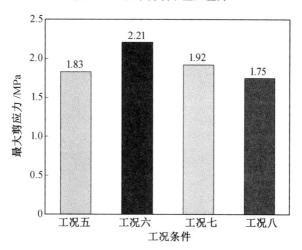

图 5.33 双车荷载下最大剪应力

表 5.7 双车车辆荷载作用下桩板结构内力分析计算结果

力学指标	工况五	工况六	工况七	工况八
横向拉应力/MPa	2.78	3.41	3.54	2.78
横向压应力/MPa	2.84	3.47	3.51	2.76
纵向拉应力/MPa	3.01	2.64	2.14	1.82
纵向压应力/MPa	3.27	2.96	2.68	2.01
主拉应力/MPa	3.02	3.23	3.67	3.24
主压应力/MPa	4.79	5.28	4.82	3.95
最大剪应力/MPa	1.83	2.21	1.92	1.75

(5)挠度和转角分析。

在永久荷载与可变荷载作用下,承载板横向跨中会产生挠度,承载板本身也会产生一定的转角,承载板的转角是承载板顶部某点的横向位移与该点对于承载板底横向位移差值与板厚的比值。为进一步分析不同工况条件下,承载板跨中挠度及承载板转角,对承载板的挠度和转角进行了计算分析,结果如 5.34 和图 5.35 所示。

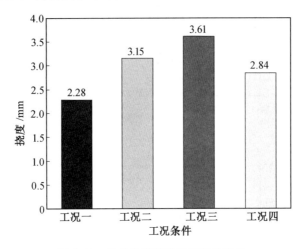

图 5.34　单车车辆荷载作用下的挠度

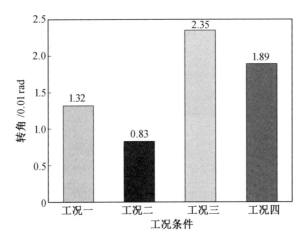

图 5.35　单车车辆荷载作用下的转角

由于桩板式结构与旧路基之间采用搭接方式连接,因此在永久荷载和可变荷载作用下,桩板结构不仅会发生沉降变形,也会与旧路基之间发生一定的偏离,产生转角,由图 5.34 和图 5.35 可知,在单车车辆荷载作用下,结构挠度呈现出先增大后减小的规律,在工况三条件下达到最大,为 3.61 mm;转角也是在工况三达到最大,为 2.35×0.01 rad。

图 5.36 和图 5.37 给出了双车辆荷载作用下转角和挠度随着不同荷载工况的规律,可知在双车车辆荷载作用下,挠度在工况六达到了最大,转角在工况七达到了最大。

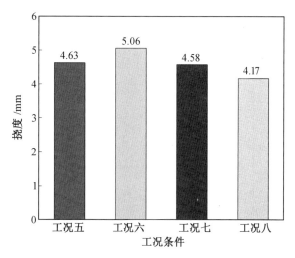

图 5.36 双车车辆荷载作用下挠度

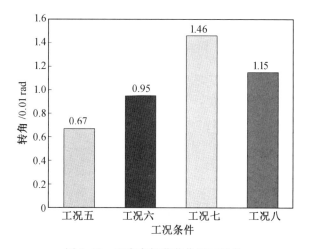

图 5.37 双车车辆荷载作用下转角

5.4.3 桩板式路基结构受力特性分析

桩板式路基结构的结构形式及几何尺寸,对结构性能有重大影响,在现有的研究中,学者主要是将承载板的厚度、搭接宽度、纵肋的高度、桩柱的长度和间距等作为主要研究参数。由于本节主要针对单车道拓宽的道路拼接工程,因此着重分析桩板式结构的承载板厚度及桩间距。

1. 承载板厚度对桩板式路基结构受力特性影响

承载板厚度的变化,将会对桩板式路基结构产生显著的影响。为研究不同承载板厚度对结构受力特性的影响,本研究分别对承载板厚 20 cm、26 cm、32 cm、38 cm 4 种厚度工况,建立三维数值仿真模型,分析不同厚度状况下应力、变形、转角、挠度等力学特性的影响。

(1)承载板厚度对桩板结构摩擦接触的影响。

按照上述得出的最不利荷载,对不同承载板厚度状态下桩板式路基结构摩擦特性进行了计算,结果如图 5.38 和图 5.39 所示。

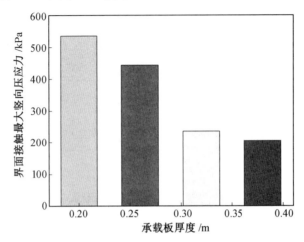

图 5.38 不同承载板厚度下最大竖向压应力

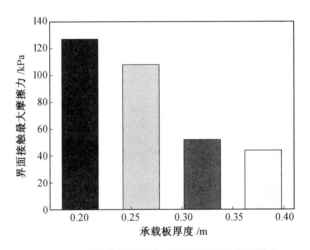

图 5.39 不同承载板厚度下界面接触最大摩擦力

由图 5.38 和图 5.39 可以看出,随着承载板厚度的增加,界面最大竖向压应力及接触最大摩擦力均呈现出减小趋势,且在承载板厚 0.25~0.35 m 范围内,应力减小显著,由此说明,承载板厚度的增加可减小界面接触应力。但出于造价原因,不可无限制增加承载板厚度,后续将采用正交试验和极差分析,进一步确定承载板最佳厚度。

(2)承载板厚度对桩板结构变形特性的影响。

不同承载板厚度工况下,桩板结构变形性能状况如图 5.40 和图 5.41 所示。

从图 5.40 和图 5.41 可以看出,随着承载板厚度的增加,现浇段的横向变形呈现增大趋势,且在 0.3~0.45 m 厚度范围内,出现陡增,说明增大承载板的厚度对于横向变形不利;竖向变形亦随着承载板厚的增加而增大,增大速率较为均匀,没有陡增现象。

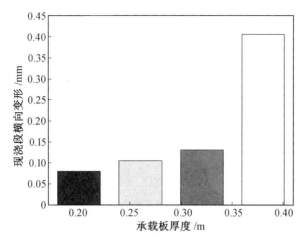

图 5.40 不同承载板厚度下现浇段横向变形

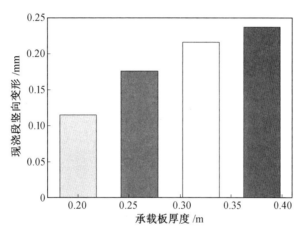

图 5.41 不同承载板厚度下现浇段竖向变形

(3)承载板厚度对桩板结构应力特性的影响。

承载板厚度对桩板式结构拉应力影响如图 5.42 和图 5.43 所示。

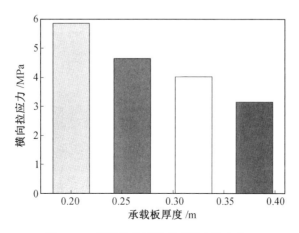

图 5.42 不同承载板厚度下横向拉应力

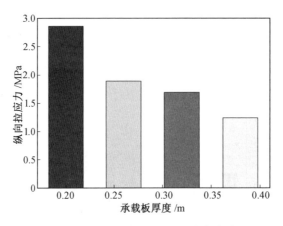

图 5.43 不同承载板厚度下纵向拉应力

从图 5.42 和图 5.43 可知,随着承载板厚度的增加,横向拉应力和纵向拉应力均呈现出减小的趋势,总体横向拉应力值要大于纵向拉应力值,且横向拉应力随着承载板厚度的增加,减小幅度大于纵向拉应力。

承载板厚度对桩板式结构压应力影响如图 5.44 和图 5.45 所示。

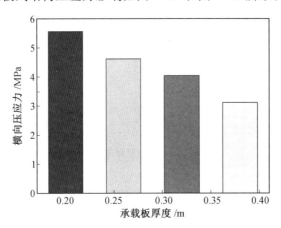

图 5.44 不同承载板厚度下横向压应力

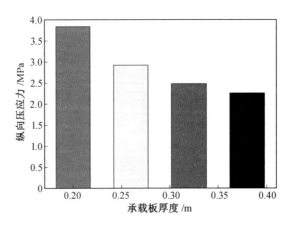

图 5.45 不同承载板厚度下纵向压应力

由图 5.44 和图 5.45 可以看出,随着承载板厚度的增加,横向压应力和纵向压应力均呈现出减小的趋势,总体横向压应力值要大于纵向压应力值,且横向拉应力随着承载板厚度的增加,减小幅度小于纵向压应力。

图 5.46 和图 5.47 给出了不同承载板厚度条件下,主应力变化情况。

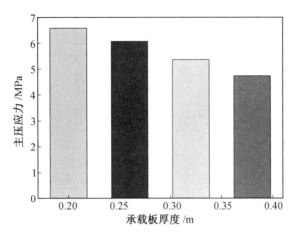

图 5.46 不同承载板厚度下主压应力

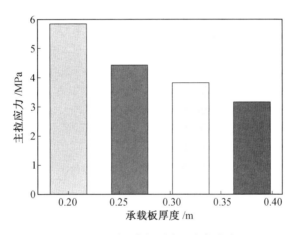

图 5.47 不同承载板厚度下主拉应力

从图 5.46 和图 5.47 可以看出,随着承载板厚度的增加,桩板式路基结构的主拉应力和主压应力均呈现出减小的趋势,且主拉应力的减小速率大于主压应力;由此可见,增大承载板板厚,可改善桩板式路基结构受力状态。

不同承载板厚度下,桩板式路基结构挠度和转角变化情况如图 5.48 和图 5.49 所示。

从图 5.48 和图 5.49 可以看出,随着承载板厚度的增加,桩板式路基结构挠度和转角逐渐较小,可以得出,承载板厚度的增加,可以改善整体的抗纵向变形能力,对于抵抗转角的能力也逐渐增强。

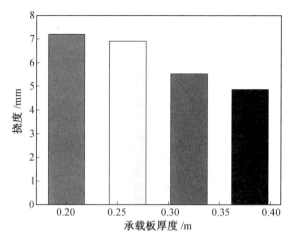

图 5.48 不同承载板厚度下挠度

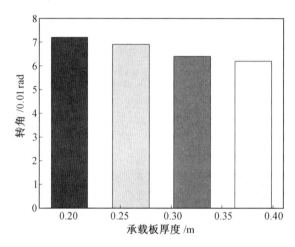

图 5.49 不同承载板厚度下转角

2. 桩间距对桩板式路基结构受力特性影响

桩板式路基是由桩柱、上部承载板及一些附属物构建组成,下部桩间距的变化,势必会引起桩板式路基结构力学性能的变化,因此,本研究构建有限元模型,在承载板宽度为 2.36 m,拟定 5 m、6 m、7 m、8 m 4 种工况,分析研究了桩间距对桩板式路基结构受力特性的影响。

(1)桩间距对桩板式路基接触特性的影响。

不同桩间距下,桩板式路基的界面摩擦特性如图 5.50 和图 5.51 所示。

由图 5.50 和图 5.51 可以看出,随着桩间距的增加,接触最大压应力呈现出先稍微减小,然后增大再减小的趋势,这是由于不同的桩间距,会导致承载板的跨径变化,因而会导致接触最大压应力和接触最大摩擦力的变化。总体而言,桩间距的增大,可以改善桩板式路基的最大接触压应力和接触最大摩擦力状况。

(2)桩间距对桩板式路基变形特性的影响。

第5章 高速公路改扩建桩板式路基窄幅拼接力学性能分析及优化

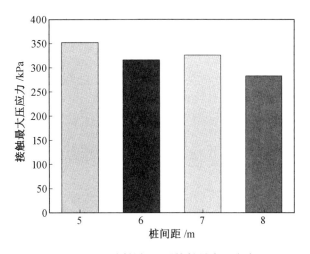

图 5.50 不同桩间距下接触最大压应力

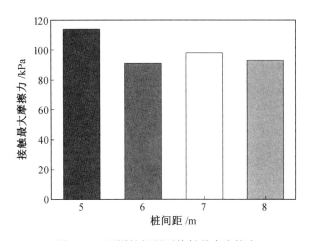

图 5.51 不同桩间距下接触最大摩擦力

不同桩间距条件下,桩板式路基变形特性如图 5.52 和图 5.53 所示。

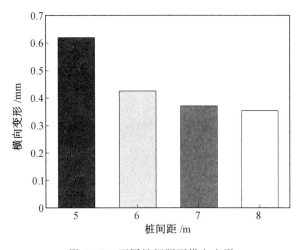

图 5.52 不同桩间距下横向变形

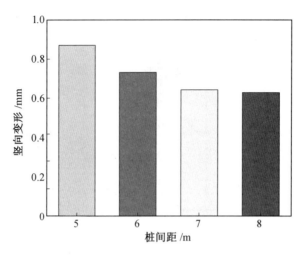

图 5.53 不同桩间距下竖向变形

从图 5.52 和图 5.53 可以看出,随着桩间距增大,桩板式路基结构横向变形和竖向变形都有减小的趋势,且在桩间距从 5 m 向 6 m 的过渡中,横向变形和竖向变形显著减小,且在桩间距为 7 m 和 8 m 的状况下,横向变形和竖向变形变化不大,说明在桩间距大于 7 m 的工况下,改变桩间距对桩板式路基结构变形特性影响不大。

(3)桩间距对桩板式路基结构受力特性的影响。

桩间距对桩板式路基结构拉应力的影响如图 5.54 和图 5.55 所示。

从图 5.54 和图 5.55 可以看出,随着桩间距增大,桩板式路基结构横向拉应力和纵向拉应力均呈现出先减小后增大的趋势,且桩间距的增大对纵向压应力影响不明显,对横向压应力影响较大。可见,增大桩间距,对桩板式路基结构纵向受拉不利。

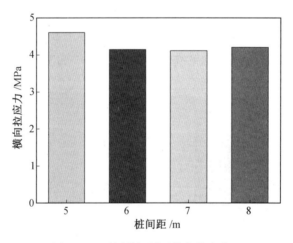

图 5.54 不同桩间距下横向拉应力

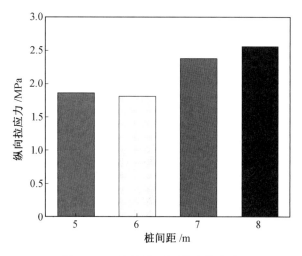

图 5.55 不同桩间距下纵向拉应力

桩间距对桩板式路基结构压应力的影响如图 5.56 和图 5.57 所示。

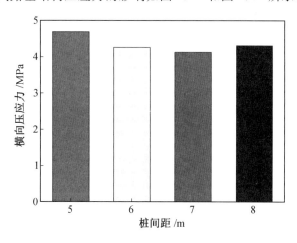

图 5.56 不同桩间距下横向压应力

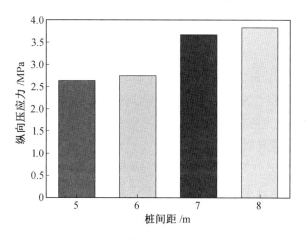

图 5.57 不同桩间距下纵向压应力

从图 5.56 和图 5.57 可以看出,桩间距的增大对横向压应力影响较小,随着桩间距的增加,横向压应力呈现出先减小后增大的趋势;而桩间距的变化,对于纵向压应力影响较大,且纵向压应力随着桩间距的增大而不断增大,这是由于桩间距的变化,导致了承载板跨径的变化,因而出现了受力模式的变化。

不同桩间距下,桩板式路基结构主应力的特征如图 5.58 和图 5.59 所示。

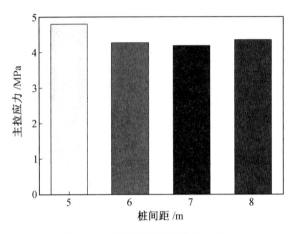

图 5.58 不同桩间距下主拉应力

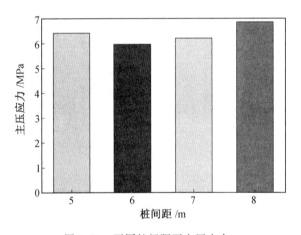

图 5.59 不同桩间距下主压应力

从图 5.58 和图 5.59 可以看出,桩间距对桩板式路基结构主应力有一定影响,随着桩间距的增加,主拉应力和主压应力均呈现出先减小后增大的趋势,桩间距对于主压应力的影响显著大于对主拉应力的影响。

不同桩间距下,挠度和转角状况如图 5.60 和图 5.61 所示。

由图 5.60 和图 5.61 可以看出,桩板式路基结构桩间距对挠度和转角均具有影响,且随着桩间距的增加,挠度逐渐增大,转角则先增大后减小。由此可以看出,桩间距的增大,导致承载板的跨径也逐渐增大,因而会出现挠度的增大现象。

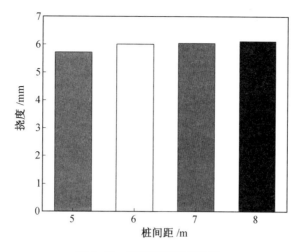

图 5.60 不同桩间距下挠度

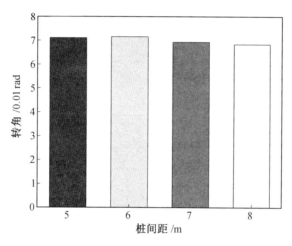

图 5.61 不同桩间距下转角

5.4.4 基于正交试验的桩板式路基参数优化研究

1. 正交试验法

正交试验应用了数理统计和正交原理,使试验建立在科学的基础上,同时实现了多因素、短周期、结果具有代表性、能够探求更优的试验方法的目的。

正交试验设计的基本概念主要有指标、因素和位级。

指标:一般把试验需要考核的项目称为试验指标,说明指标的数值称为指标值。

因素:指直接影响试验结果,需要进行考察的不同原因和成分。

位级:需要考察的因素在试验中由于状态的改变、条件的变化、不同的级别和水平,可能引起考核指标的变化,而变化的状态、级别和水平称为因素的位级。

正交表可分为两种形式,即同位级正交表和混合位级正交表。同位级正交表是指各个因素的位级数都相等;混合位级正交表则是指在正交表中某些因素的位级数相等,而另一些因素不等的正交表。

正交试验设计的原理是设计正交表的科学依据,它主要表现在均衡分散性和整齐可比性两个方面。

(1)均衡分散性是指正交表安排的试验方案均衡地分散在完全的位级组合方案之中,因而具有代表性,容易选出优秀方案和可能最优方案。以3因素3位级试验为例,如果进行全面试验,需要进行完全位级组合(共27组),现在选用$L9(3^4)$正交表,仅需9组试验。如图5.62所示。由图可以看出,$L9(3^4)$正交表所设计的9个点在每个面上恰有3个,在每条线上恰有1个,也就是说每个因素的一个位级都有3个试验,位级的搭配是均匀的。这说明正交表安排的试验方案均衡地分散在配合完全的位级组合之中。由于正交表的均衡分散性,9个试验条件中所得出的优秀成果,即便不是全面试验中的最好位级组合,也往往是相当好的位级组合,代表性很强。再通过对试验结果的分析就能选出最优位级组合的试验方案或可能更优位级组合的试验方案。

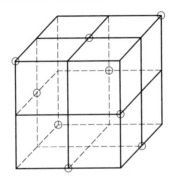

图5.62 正交试验示意图

(2)整齐可比性是指对于每列因素,在各个位级导致的结果之和中,其他因素的各个位级出现的次数都是相同的。在比较某一因素的几个位级,选取优秀位级时,其他因素的各个位级出现了相同的次数。这就最大限度地排除了其他因素的干扰,使这一因素的几个位级之间具有了可比性。正是由于正交试验设计的这两个特点,其具有很大的优越性。

本研究采用的是同位级正交试验表。

同位级正交试验表是指各个因素的位级数都相等的正交试验表。它具有以下两个性质:

①表中任意一列,不同数字出现的次数相同。

②表中任意两列,把同一行的两个数字看成有序数字对时,所有可能出现的数字对出现的次数相同。

本研究采用4因素3水平试验进行正交试验,主要采用桩顶最大正应力、桩顶反力、桩顶沉降等计算指标进行基于正交试验的桩板式路基结构参数优化。

2. 基于正交试验桩板式路基结构参数优化

本次采用的正交试验表见表5.8和表5.9。

第5章　高速公路改扩建桩板式路基窄幅拼接力学性能分析及优化

表5.8　正交试验因素水平表

各因素水平	桩板式路基结构影响因素			
	桩长/m	桩径/m	桩间距/m	承载板厚度/cm
1	15	0.5	5	0.25
2	20	0.6	6	0.3
3	25	0.7	7	0.35

试验设计：4因素3水平试验。

表5.9　桩板式路基正交试验表

序号	桩板式路基结构影响因素			
	桩长/m	桩径/m	桩间距/m	承载板厚度/cm
1	15	0.5	5	0.25
2	15	0.6	6	0.3
3	15	0.7	7	0.35
4	20	0.5	6	0.35
5	20	0.6	7	0.25
6	20	0.7	5	0.3
7	25	0.5	7	0.3
8	25	0.6	5	0.35
9	25	0.7	6	0.25

（1）承载板跨中挠度。

表5.10给出了正交试验条件下，桩板式路基最大挠度的分布情况。

表5.10　承载板跨中挠度正交试验表

序号	桩板式路基结构影响因素				
	桩长/m	桩径/m	桩间距/m	承载板厚度/cm	承载板跨中挠度
1	15	0.5	5	0.25	10.126 4
2	15	0.6	6	0.3	10.519 7
3	15	0.7	7	0.35	10.728 2
4	20	0.5	6	0.35	10.317 4
5	20	0.6	7	0.25	13.274 9
6	20	0.7	5	0.3	10.462 7
7	25	0.5	7	0.3	13.158 2
8	25	0.6	5	0.35	9.845 2

续表5.10

序号	桩板式路基结构影响因素				
	桩长/m	桩径/m	桩间距/m	承载板厚度/cm	承载板跨中挠度
9	25	0.7	6	0.25	11.793 5
K1	31.374 3	33.602	304 343	35.194 8	
K2	34.055	33.639 8	32.630 6	34.140 6	
K3	347 969	32.984 4	37.161 3	30.890 8	
K1	10.458 1	11.200 67	101 447.7	11.731 6	
K2	11.351 67	11.213 27	10.876 87	11.380 2	
K3	115 989.7	10.994 8	12.387 1	10.296 93	
极差	4.673 5	3.387 3	103.416 9	23.381 9	

由表5.10可以看出,对于桩板式路基的承载板最大挠度,最主要影响因素是承载板厚度,桩长和桩径对承载板最大挠度影响较小。

(2)桩顶最大正应力。

桩顶最大正应力正交试验表见表5.11。

表5.11 桩顶最大正应力正交试验表

序号	桩板式路基结构影响因素				
	桩长/m	桩径/m	桩间距/m	承载板厚度/cm	桩顶最大正应力/kPa
1	15	0.5	5	0.25	1 216.653 9
2	15	0.6	6	0.3	1 002.392 1
3	15	0.7	7	0.35	953.726 5
4	20	0.5	6	0.35	1 525.835 7
5	20	0.6	7	0.25	1 224.825 1
6	20	0.7	5	0.3	674.892 3
7	25	0.5	7	0.3	1 827.482 9
8	25	0.6	5	0.35	941.562 8
9	25	0.7	6	0.25	731.683 0
K1	3 172.775 2	4 569.973	2 833.109	3 173.162	
K2	3 425.553 1	3 168.78	3 259.911	3 504.767	
K3	3 500.728 7	2 360.302	4 006.035	3 421.125	
K1	1 057.591 7	1 523.324	944.369 7	1 057.721	
K2	1 141.851	1 056.26	1 086.637	1 168.256	

续表5.11

序号	桩板式路基结构影响因素				桩顶最大正应力/kPa
	桩长/m	桩径/m	桩间距/m	承载板厚度/cm	
K3	1 166.909 6	786.767 3	1 335.345	1 140.375	
极差	104.653 82	732.896 3	392.893 2	112.475 6	

由表5.11可知,对于桩顶的最大正应力,承载板厚度和桩长的影响较小,桩间距和桩径影响较大。

(3)桩板式路基结构沉降。

桩板式路基结构沉降最大极差表见表5.12。

表 5.12 桩板式路基结构沉降最大极差表

序号	桩板式路基结构影响因素				桩板式路基结构沉降/mm
	桩长/m	桩径/m	桩间距/m	承载板厚度/cm	
1	15	0.5	5	0.25	25.485 2
2	15	0.6	6	0.3	24.183 7
3	15	0.7	7	0.35	23.895 3
4	20	0.5	6	0.35	24.694 1
5	20	0.6	7	0.25	22.173 9
6	20	0.7	5	0.3	22.052 8
7	25	0.5	7	0.3	22.952 1
8	25	0.6	5	0.35	21.243 8
9	25	0.7	6	0.25	19.278 3
K1	73.536 2	73.131 4	68.781 8	66.937 4	
K2	68.920 8	67.601 4	68.156 1	69.188 6	
K3	63.474 2	65.226 4	69.021 3	69.833 2	
K1	24.512 07	24.377 13	22.927 27	22.312 47	
K2	22.973 6	22.533 8	22.718 7	23.062 87	
K3	21.158 07	21.742 13	23.007 1	23.277 73	
极差	2.895 3	2.274 8	0.264 7	0.593 2	

从表5.12可以看出,对于桩板式路基沉降,主要影响因素为桩长和桩径,桩间距和承载板厚度为次要因素。

综上所述,窄幅拼接桩板式路基结构的合理参数为桩长20 m、桩径0.6 m、桩间距

6 m、承载板厚度 0.3 m。

5.5 桩板式路基施工主要材料及性能要求

5.5.1 原材料要求

水泥:应采用符合《通用硅酸盐水泥》(GB 175—2023)中强度等级不低于 42.5 的硅酸盐水泥或普通硅酸盐水泥;水泥出厂时间不得大于 3 个月且不得受潮结块。

粗骨料:应符合《建设用卵石、碎石》(GB/T 14685—2011)的相关要求。粒径为 5~20 mm 的连续级配,压碎值不低于 10%、含泥量<0.5%;泥块含量为 0;风化软弱颗粒≤3.0%;要求质地坚硬,级配良好,宜采用表面粗糙的石灰岩、花岗岩、玄武岩等。

细骨料:宜采用硬质、洁净的中粗砂,细度模数为 2.6~3.0,含泥量<0.5%;其他指标应符合《建设用砂》(GB/T 14684—2011)相关要求。

矿粉:应符合《水泥和混凝土中的粒化高炉矿渣粉》(GB/T 18046—2008)中 S95 级的技术指标要求。

减水剂:应符合《混凝土外加剂》(GB 8076—2008)规定,严禁使用氯盐类外加剂。其他矿物掺和料应符合相关的国家标准、行业标准或企业标准。

普通钢筋:采用 HPB300、HRB400 级钢筋及冷轧带肋焊接筋网,其技术标准应分别符合《钢筋混凝土用钢 第 1 部分 热轧光圆钢筋》(GB 1499.1—2017)、《钢筋混凝土用钢 第 2 部分 热轧带肋钢筋》(GB 1499.2—2018)、《钢筋混凝土用钢筋焊接网》(GB 1499.3—2002)的规定。

钢板及型钢:各类钢材质量应符合《碳素结构钢》(GB/T 700—2006)和《低合金高强度结构钢》(GB/T 1591—2018)的规定,所有钢材必须具有国家技术质量监督部门确认的产品质量证明、出厂合格证明。

焊接材料:焊接材料采用与母材相匹配的焊丝、焊剂和手工焊条,CO_2 气体纯度不小于 99.5%,各材料均应符合现行国家标准。

5.5.2 混凝土材料要求

钢筋混凝土预制板采用 C40 混凝土,现浇部分采用 C40 微膨胀无收缩混凝土,制空心墩混凝土采用 C80 高强混凝土,桥面板预留孔采用自流平灌浆料,微胀混凝土水中养护 14 d 的最小限制膨胀率为 2.5×10^{-4},随后放在恒温恒湿室养护 28 d 的最大干缩率为 3.0×10^{-4},微胀混凝土施工应按照《混凝土外加剂应用技术规范》相关规定。

预制空心墩与预制板间采用高弹性聚合物垫片调平,垫片应考虑路线纵横坡度影响,中心高 3 cm,技术标准应符合《混凝土结构设计规范》(GB 50010—2010(2015 年版))、《公路钢筋混凝土及预应力混凝土桥涵设计规范》(JTG 3362—2018)和《公路桥涵施工技术规范》(JTG/T 3650—2020)的规定。

5.5.3 伸缩缝材料

GT60型无缝式伸缩缝,主要由弹性混凝土、高分子弹性体、弹性填充料及泡沫塑料条组成,是一种新型的施工高效、经济合理、绿色环保的高弹性伸缩缝。能满足设计伸缩量0～60 mm,安装槽口尺寸较小,仅需240 mm×100 mm。

1. 弹性混凝土

弹性混凝土由改性聚合物树脂加集料组成,其中集料应洁净、干燥、无风化、无杂质,具有足够的强度和耐磨性。改性聚合物树脂及弹性混凝土技术要求应符合表5.13和表5.14的规定。

表5.13 改性聚合物技术指标要求

试验项目	试验温度/℃	指标要求
拉伸强度/MPa	−20	≥5
	23	
	60	
断裂伸长率/%	−20	≥150
	23	
	60	
冲击韧性/(kJ·m^{-2})	23	≥35
弹性恢复率(定伸30%)/%		≥95
与水泥、沥青混凝土的黏结强度/MPa	−20	≥2
	23	
	60	
耐化学品		不起泡、不剥落
耐老化/1 000 h		不起泡、不剥落,拉伸性能保持率≥85%

表5.14 弹性混凝土技术指标要求

试验项目	指标要求
抗压强度/MPa	≥15
压缩回弹能力@10%变形/%	≥95
斜剪切强度/MPa	≥2

2. 高分子弹性体

高分子弹性体由一种新型的超弹性改性聚合物树脂构成,其技术要求见表5.15。

表 5.15 高分子弹性体技术要求

试验项目	指标要求	试验方法
黏度((23±2)℃,两组分混合)/(MPa·s)	实测	GB/T 22314—2008
拉伸强度((23±2)℃))/MPa	≥5	
断裂伸长率((23±2)℃)/%	≥200	
弹性恢复率(定伸20%)/%	≥85	GB/T 2567—2008
拉伸黏结强度(与钢材,(23±2)℃)/MPa	≥5	

预制板与既有桥梁桥台相接处设置微量伸缩缝。施工方法:桥面混凝土铺装完成后,在台背和梁板之间填满弹性耐久材料,如橡胶板、塑料泡沫等,上面层沥青混凝土铺装完成后,沿台背和梁板之间锯一道宽 0.5 cm、深 3 cm 左右的缝,在缝内注满聚氨酯。

5.5.4 自流平材料

自流平灌浆料是以特种水泥为基本材料,天然高强度材料为骨料,辅以多种高分子材料配制而成的干混材料,主要成分有水泥、石英砂、减水剂、引气剂、阻锈剂等多种成分。具有早强、高强、无收缩、自流平性能等特性。自流平灌浆料性能指标见表 5.16。

表 5.16 自流平灌浆料性能指标

项 目		技术指标	备注
粒径	4.75 mm 方孔筛筛余/%	≤2.0	指材料的直径大小
凝结时间	初凝/min	≥120	指浆体固化,根据 GB/T 1346—2019 进行测算
泌水率/%		0	指浆体凝结后表面有无溢出水,根据 JTG/T 3650—2020 附录 D 进行试验和计算
流动度/mm	初始流动度	≥260	浆体的流动性,根据 JTG/T 3650—2020 附录 D 进行试验和计算
	30 min 流动保留值	≥280	浆体搅拌完成半小时后的流动性
7 d 抗压强度 /MPa	抗压	≥4.0	根据 GB/T 17671—1999 进行试验和计算
	抗折	≥38.0	根据 GB/T 17671—1999 进行试验和计算

续表5.16

项 目		技术指标	备注
28 d抗压强度/MPa	抗压	≥6.0	根据GB/T 17671—1999进行试验和计算
	抗折	≥50.0	根据GB/T 17671—1999进行试验和计算
竖向膨胀率/%	1 d	≥0.05	根据JTG/T 3650—2020附录D进行试验和计算
钢筋(圆钢)握裹强度/MPa	28 d	≥5.0	
对钢筋锈蚀作用		应说明对钢筋有无锈蚀作用	

5.5.5 高弹改性聚合物矩形垫块(过渡墩垫片)

高弹改性聚合物矩形垫块指标见表5.17。

表5.17 高弹改性聚合物技术要求

试验项目		指标要求	试验方法
密度/(g·cm^{-3})		实测	GB/T 6750—2007
吸水率/%		≤5	GB/T 1034—2008
硬度(邵氏A)		80~100	GB/T 22374—2008
固含量/%		≥98	JC/T 975—2005
控伸强度/MPa	-20	≥10	GB/T 2567—2008
	23		
	70		
抗压弹性模量/MPa		50~200	
23 ℃弹性恢复率(定伸20%)/%		≥90	
断裂伸长率/%	-20	≥300	GB/T 2567—2008
	23		
	70		

5.5.6 高模量改性聚合物圆环垫片、改性聚合物弹性垫片及黏结胶

高模量改性聚合物圆环垫片技术指标见表 5.18。

表 5.18 高模量改性聚合物技术要求

试验项目	指标要求
硬度(邵氏 D)	60～80
抗压强度(23 ℃)/MPa	≥800
冲击韧性/(kJ·m^{-2})	≥30
弹性恢复率(定伸 20%,24 h)/%	≥80
拉伸黏结强度(与钢材,(23±2)℃)	≥10

5.5.7 工厂预制及施工

预制板工厂化施工质量控制均应符合《公路桥涵施工技术规范》(JTG/T 3650—2020)和《公路工程质量检验评定标准》(JTG F80/1—2017)及《混凝土结构工程施工质量验收规范》(GB 50204—2015)要求,在工厂定型制造,对各主要工艺制定详细的施工细则,并征得监理工程师和设计单位同意后再进行作业。

1. 模具施工

(1)结构形式。

根据桥面板结构特点,模具由拼装底模、侧模和液压顶升系统组成。底模考虑采用固定式与移动式相结合方式,移动式底模设置液压工作系统,通过液压千斤顶进行模板尺寸精度的微调和模板的拆除。

(2)技术要求。

面板为整块钢板折压、切割制造,不允许任何形式的搭接。模具板面粗糙度、尺寸符合表 5.19 要求。

表 5.19 模具技术检验表

编号	项目	允许偏差	检验方法
1	模具内腔边长	±3 mm	用卷尺测量四角和中部尺寸
2	板面平整度	平面度 2 mm/m,全长尺寸平面度≤5 mm	水平仪(经纬仪)测量
3	板面粗糙度	6.3～3.2 μm	使用粗糙度样块比较
4	模边密封槽	直线度 1 mm/m	水平仪(经纬仪)测量
5	底模	长、宽尺寸±2 mm;直线度 0.5 mm/m,全长尺寸平面度≤3 mm	水平仪(经纬仪)测量

续表5.19

编号	项目	允许偏差	检验方法
6	孔位偏差/孔径	±1.5 mm/0~0.5 mm	卷尺、卡尺
7	板材、型材边缝	干净、光滑	目测、手触
8	焊缝	焊缝长度不小于30 mm、间隔不大于300 mm	正面喷水或涂油检查背部渗漏状况
9	模具扭曲	5 mm	用卷尺测量四角对角尺寸比较差值
10	拼缝宽度	≤0.5 mm	塞尺
11	模具垂直度	≤0.5°	将90°角尺的一边与板侧边贴紧，检查另一边与板端的缝隙
12	表面涂漆	表面光滑平整，涂刷均匀，内部板面不得有涂料污染	目测、手触
13	模具表面外观	洁净，无斑点、杂质	目测、手触

(3)混凝土脱模剂。

脱模剂应符合《混凝土制品用脱模剂》(JC/T 949—2021)的性能要求。脱模剂选用水性脱模剂。

2. 钢筋施工

(1)钢筋骨架应使用专用骨架胎模进行组装，保证钢筋位置、间距、整体尺寸符合设计要求。

(2)钢筋骨架宜采用自动焊接或人工焊接成型。钢筋的连接处理必须符合《钢筋焊接及验收规程》(JGJ 18—2018)有关规定。

(3)钢筋骨架应有足够刚度，接点牢固，不松散、不倾斜、不发生扭曲变形。钢筋安装的允许偏差应符合表5.20的规定。

表5.20 钢筋安装的允许偏差

项目		允许偏差/mm
绑扎钢筋网	长、宽	±10
	网眼尺寸	±20
绑扎钢筋骨架	长	±10
绑扎钢筋骨架	宽、高	±5

续表5.20

项 目		允许偏差/mm
受力钢筋	间距	±10
	排距	±5
	保护层厚度	±3
绑扎箍筋、横向钢筋间距		±20
钢筋弯起点位置		20
预埋件	中心线位置	5
	水平高差	+3.0

(4)钢筋在钢筋绑架上绑扎成型,采用专用多点吊具整体吊装入模,合理设置钢筋保护层垫块,满足钢筋保护层厚度要求。

(5)预制件应按照图纸定位连接件、预埋件的允许偏差(mm),应符合表5.21的规定。预留孔洞的允许偏差(mm)应符合表5.21的规定。

表5.21 连接件、预埋件的允许偏差

项 目		允许偏差/mm	检验方法
连接件	中心线位置	±3	钢尺检查
	安装垂直度	1/40	拉水平线、竖直线测量两端差值
预埋件(插筋、螺栓、吊具等)	中心线位置	±5	钢尺检查
	外露长度	+5	钢尺检查
预留孔洞	中心线位置	±5	钢尺检查
	尺寸	+8.0	钢尺检查

3.混凝土施工

(1)混凝土制备。

混凝土强度等级不应低于C40,脱模强度不应低于C30。预制产品的设计耐久性年限为100年,各项耐久性指标应达到下列要求:

①抗渗等级不低于P10。

②抗硫酸盐侵蚀:KS150,耐蚀系数为20.80。

③氯离子扩散系数DRCM($10\sim12$ m^2/s)为4.0。

④抗冻融次数(快冻法):F300。

(2)混凝土成型。

混凝土浇筑采用料斗多点布料、一次浇筑成型的方式。振捣采用高频振动平台的方式,以充分排除混凝土中的气泡,使混凝土密实,消除混凝土的蜂窝麻面等现象,保证混凝土构件的质量。

混凝土浇筑完成后,顶面采用长水平尺刮平收面,初凝前进行二次收面,减少收缩裂缝的产生。当侧模拆除后,及时将混凝土表面或与湿接缝相连混凝土接触面进行凿毛,将表面的浮浆、灰渣等杂物全部清理干净,并均匀露出骨料,露石深度不应小于 4 mm。

(3)构件养护。

构件混凝土养护采用常压蒸汽养护,全自动控制,使喷出的水雾均匀,养护过程分为预养、升温、恒温、降温 4 个阶段,过程严格控制升、降温速率及恒温温度,养护过程中温度不应超过 80 ℃。

(4)构件尺寸要求。

构件应按设计要求及现行国家标准《混凝土结构工程施工质量验收规范》(GB 50204—2022)的有关规定进行结构性能检验。构件中钢筋、预埋件等的规格、数量应符合设计和施工规范的要求。预制构件尺寸的偏差及检验方法,当设计无具体要求时,应符合表 5.22 及《装配式混凝土结构技术规程》(JGJ 1—2014)的相关规定。

表 5.22 构件尺寸的允许偏差及检查方法

项 目			允许偏差 /mm	检查方法
截面尺寸	长度	板	±5	钢尺检查
	宽度、高度	板	±5	钢尺量一端及中部,取较大值
肋宽、厚度			+4,−2	钢尺检查
侧向弯曲		板	L/750 且 ≤20	拉线、钢尺量最大侧向弯曲处
预埋件	中心线位置		5	钢尺检查
	螺栓位置		5	
	螺栓外露长度		+10,−5	
预留孔	中心线位置		5	钢尺检查
预留洞	中心线位置		10	钢尺检查
主筋保护层厚度		板	+5,−3	钢尺或保护层厚度测定仪测量
对角线差		板	10	钢尺量两个对角线
表面平整度		板	5	2 m 靠尺和塞尺检查
键槽	长度		+5,−10	钢尺检查
	宽度		±5	
	壁厚		±5	

(5)吊装及运输。

吊运时应采用真空吸盘吊具,其具有低噪声、高安全性、操作简便、吊装效率高、对预制构件无损伤等特点。当桥面板混凝土达到强度后,即可编号转运、存放,在梁台座支点上垫方木。多层存放时,支撑要保证在同一铅垂线上,以防止基础偏心受压产生不均匀受力。堆垛层数应根据构件、垫木或垫块的承载能力及堆垛的稳定性确定。

运输宜选用专用车辆,车上应设有专用支架。装运时应连接牢固,防止移动或倾倒,对构件边缘或与链索接触处应采用衬垫加以保护。

(6)其他注意事项。

①预制板预制时应注意预留临时吊点孔,并注意预埋桥面系统、附属设施的预埋件。除不需要封填的预留孔外,其余预留孔均用C40微膨胀混凝土封填,所有施工预埋件施工完成后应予割除,恢复原状,并注意防锈和美观。除设计外,桥面板施工中因施工所需开设的孔洞,均应征得设计单位的同意。

②混凝土浇筑前应仔细检查保护层垫块的位置、数量和紧固程度。绑扎垫块和钢筋的铁丝头不得伸入保护层内。为保证钢筋定位准确,宜采用定型生产的纤维砂浆垫块。

③板底面及护栏侧面平整度应满足±1 mm以内,板顶面应进行拉毛处理,以便控制与桥面铺装的结合质量,板纵、横结合侧面采用凿毛处理,严禁被油渍、浮浆等污染,影响施工质量。

5.6 桩板式路基施工

5.6.1 施工技术准备

1.吊装参数计算

本方案吊装按单板最大A板块6.25 m×2.5 m×0.26 m计算,根据理论数据:C40混凝土重量约2 400 kg/m³,每块预制板混凝土约4.647 m³,预制板钢筋总重约1 902 kg,最大单A板质量约(4.647×2 400+1 822.047)/1 000=13.04(t)。所选起重机性能见表5.23、表5.24。

表5.23 80吨汽车起重机起重性能表(一)

工作半径/m	吊增长度(支型全伸)							吊臂长度(小伸支型)
	12.0 m	8.0 m	24.0 m	30.0 m	36.0 m	40.0 m	44.0 m	12.0 m
2.5	50.0	45.0						15.0
3.0	80.0	45.0	35.0					15.0
3.5	80.0	45.0	35.0					15.0

第5章 高速公路改扩建桩板式路基窄幅拼接力学性能分析及优化

续表5.23

土管起重性能表

工作半径/m	吊增长度(支型全伸)							吊臂长度(小伸支型)
	12.0 m	8.0 m	24.0 m	30.0 m	36.0 m	40.0 m	44.0 m	12.0 m
4.0	70.0	45.0	35.0					11.7
4.5	62.0	45.0	35.0	27.0				9.5
5.0	56.0	40.0	32.0	27.0				8.0
5.5	50.0	37.0	29.2	27.0	22.0			6.8
6.0	45.0	34.3	27.2	25.0	22.0			5.8
6.5	30.4	31.5	25.3	23.2	22.0	18.0		5.0
7.0	35.6	29.1	23.7	21.5	20.3	18.0		4.3
8.0	27.8	25.4	21.0	18.8	17.7	15.7	12.0	3.2
9.5	20.8	20.8	17.8	15.7	14.6	13.2	12.0	2.0
10.0	19.2	19.2	17.0	15.0	13.8	12.6	11.4	1.7
11.0		16.5	15.6	13.5	12.4	11.4	10.4	
11.8		14.7	14.7	12.6	11.4	10.6	8.7	
12.0		14.2	14.2	12.4	11.2	10.4	9.5	
13.0		12.5	12.5	11.3	10.2	9.3	8.8	
14.6		10.0	10.0	10.0	9.0	8.5	7.6	
15.0		9.4	9.4	9.4	8.7	8.2	7.6	
16.0			8.1	8.1	8.1	7.7	7.1	
17.8			6.2	6.2	6.2	6.8	5.3	
20.0			4.5	4.5	4.5	5.1	5.6	
22.0				3.4	3.4	4.0	4.4	
23.0				3.0	3.0	3.5	3.9	
26.0					1.7	2.2	2.6	
27.0						1.9	2.2	
28.0						1.6	1.9	
30.0						1.0	1.3	
31.0							1.1	

表5.24　80 t汽车起重机起重性能表(二)

主要技术参数		副臂起重性能				
		能在两侧或后部吊装				
总重	63.001	81.3	10.0	6.00	11.5	4.00
主臂全伸长时长度	44.00 m	80.4	11.0	6.00	12.6	4.00
主臂全缩短时长度	12.00 m	80.1	11.3	5.90	13.0	4.00
最大夹角	82°	78.6	13.0	5.20	14.6	3.75
最大爬收能力	16%	75.2	16.0	4.40	18.2	3.05
最大转弯半径	15.40%	70.8	20.0	3.60	22.5	2.55
最大提升高度	58.50 m	66.0	24.0	3.00	27.2	2.10
80 t主吊重	1 t	63.8	26.0	2.75	29.1	2.05
80 t轴助吊的重	0.5 t	58.0	30.3	1.50	34.0	1.20
6 t副后吊重	0.25 t	55.4	32.0	1.20		

2. 设备及材料的选择

根据上述特点和以往预制板吊装施工经验。采用一台吊机进行吊装施工,选用一台日产加腾"KATO"汽车式吊机,型号NK-800E。配备35 m吊臂时,在机械性能表中,查《工作半径—起重高度图》可知,用35 m主臂杆可满足施工要求,查《额定起重表》可知用35 m臂杆,工作半径范围为9.5 m时起重能力可达20.8 t,大于13.04 t满足施工要求。

3. 钢丝绳选用

按预制板重约13.04 t,采用4个吊点,每吊点为5 t,选用抗拉强度为170 kg/mm^2,$D=43$ mm^{2}的6×37钢丝绳,查资料可知其破断拉力为118.5 t。

安全系数$K=118.5/5=23.7$,满足施工规范$K=23.7$大于8～10倍的要求。

4. 卡环选用

预制板重约13.04 t,采用4个吊点,每吊点为5 t,应选用美式D型1.75 in(1 in=2.54 cm)卸扣,卸扣的材料是合金钢轴经过锻造及热自理调质处理。卸扣直径为50.8 mm,安全负荷为25 t,大于5 t,满足施工要求。

5. 其他辅助吊装工具

所需机具材料见表5.25。

表 5.25　桩板式路基吊装机具

编号	项目	型号	单位	数量	备注
1	汽车吊	80 t	台	1	单机抬吊
2	平板车	40 t	台	2~3	运板
3	水平仪		台	2	
4	水平尺		台	2	
5	塔尺		个	4	
6	卷尺		个	5	
7	枕木	200×300×1 500	条	若干	吊车支腿用
8	钢丝绳	6×37+1(ϕ43 mm)	条	若干	吊索用双绳
9	手拉葫芦	3 t	个	若干	装车绑梁用

5.6.2　扩大基础施工

(1)扩大基础采用明挖施工,基坑开挖时应遵循由外向内开挖原则,即由路肩侧向路中心方向开挖,最后开挖原挡墙附近的基坑,待原挡墙附近的基坑开挖至设计标高后应立即整平压实,并检测地基承载力,若地基承载力满足要求应立即浇筑墩台基础。若与设计资料不符,需及时通知设计单位,采取相应措施。

(2)墩台扩基设计采用的最小埋深为 30 cm,如果发现基础露头(埋深不够)或基底悬空的情况,需及时提交设计单位。

(3)扩大基础施工时应采取可靠措施减小混凝土水化热。

(4)扩大基础施工完成后,基坑应及时回填夯实,以提高基础稳定性。

(5)设计中根据地质资料对扩基的持力层提出了岩性、岩层、承载力基本容许值等要求,施工中若发现与地质资料不符,需及时提交设计单位。

(6)原挡墙与扩基结合的表面如出现破损等病害,需进行部分凿除;若原挡墙片石混凝土基础良好,可不对其进行破除,对旧基础外表清理干净,对新旧结合面凿毛处理后直接浇筑在原挡墙上。

(7)为保证路基原挡墙稳定,禁止相邻扩基同时开挖施工,可相隔 1~2 个扩基进行施工,待扩基浇筑完成并且强度达到 75% 以上时,方可进行相邻扩基的施工。

(8)扩基开挖施工时,应采取必要措施保护原挡墙的稳定。如图 5.63、图 5.64 所示。

图 5.63　扩大基础施工

图 5.64　施工完毕的扩大基础

5.6.3　桩板式路基桩基施工

桩板式路基施工工艺流程如图 5.65 所示。

(1)管桩验收。

管桩规格型号委托单;管桩出厂检验报告;产品合格证;产品质量问题处理文件。其中,管桩产品合格证应包括:合格证编号、产品等级;标准编号;管桩品种、规格、型号、长度、壁厚;混凝土强度等级;外观质量、尺寸偏差;抗弯性能;管桩编号;制造厂厂名、制造日期、出厂日期;检验员签名或盖章。

第5章 高速公路改扩建桩板式路基窄幅拼接力学性能分析及优化

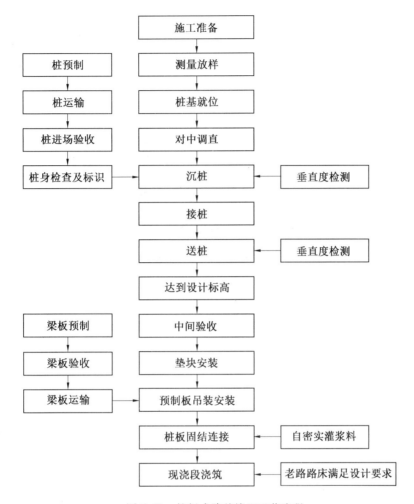

图 5.65 桩板式路基施工工艺流程

(2)测量放样。

打桩位置按照设计图纸的尺寸,应先设置基准点,并正确地投放每一根桩的中心点,并标有明显的标识,桩位投放允许偏差为 1 cm。

(3)桩机就位。

桩机就位后检查对中,用水平尺校平桩机底架。

(4)沉桩。

插桩时一定要让桩头对准地面桩位标志物,然后用两台经纬仪交叉成 90°,架在能看清桩的全长地方。先观察桩机导杆的垂直度,直至符合要求后,再用经纬仪观测桩的垂直度,保证垂直度在 0.1‰ 以内,并指挥桩机进行反复调整,要确保其准确性。

施打前,先进行试验,选择合理的冲距,每根桩要连续施打,停歇时间不宜太长。施打时选择"重锤轻击"的原则,开始时,锤的落距应较小,待桩身进入土中较深且稳定后,再用标准落距施工,直至满足设计要求标高或贯入度要求,持力层面按地质资料及贯入度进行双控。

打桩时要严格按有关标准做好每米锤击次数、总锤击数、入土深度、最后贯入度、锤型、落距等原始记录,焊口也要做好焊接隐蔽记录。

沉桩宜一次性将桩沉到设计标高,尽量减少停锤时间,如需停锤也应选择沉入的桩较浅时,并尽量缩短停锤时间。如图 5.66 所示。

图 5.66 沉桩图

(5)接桩。

当管桩需要接长时,其入土部分的桩身的桩头宜高出地面 0.5～1 m,接桩前应先将下节桩的接头处清理干净,设置导向箍以方便上节桩的正确就位,接桩时上下节桩中心线偏差不宜大于 2 mm。

焊接时宜先在坡口圆周上对称点焊 4～6 个点,待上下节桩固定后拆除导向箍,再分层施焊,施焊宜由两个焊工对称进行。拼接处坡口槽电焊应分 3 层对称进行,内层焊必须清理干净后方能施焊外一层,焊缝应连续饱满,其外观质量应符合二级焊缝要求。

施焊完成的桩接头应自然冷却后才能连续沉桩,锤击法沉桩时自然冷却时间不应少于 15 min,不得用水冷却,焊好即沉,当采用二氧化碳气体保护焊,其自然冷却时间不应少于 5 min。

(6)送桩。

在送桩之前,应预先算好送桩深度,并选择合适的送桩器,在送桩器上做明显标识。送桩杆与桩身应在同一中心线上,送桩杆上的桩帽与桩周围间隙控制在 5～10 mm 之间,送桩杆与桩之间垫有一定厚度的平整弹性垫。送桩时要做好锤击数、锤跳高度、贯入度等原始记录。

5.6.4 桥面板吊运、安装

(1)桥面板安装前,桥面板及现浇墩顶与梁板连接混凝土强度满足设计要求。

图 5.67 管桩送桩过程

图 5.68 完成送桩的管桩

(2)运输:根据位置不同,梁板可分为 A、B、C′、C、D 板,其中 D 板为 0.5 m 宽,现浇湿接缝(6.5 m 和 5.6 m 跨径对应的 D 板宽为 0.75 m 和 0.3 m),其余板为工厂预制板。A 板、B 板、C″板横向跨中板厚 26 cm,悬臂端厚 20 cm,加腋根部 46 cm 厚,沿顺桥向等厚度布置。位于联端(伸缩缝端)的 C 板为提高刚度和强度,跨中板厚与加腋根部同厚,为 46 cm,悬臂端板厚 20 cm,纵向加厚范围为联端 1 m 范围。

(3)当桥面板混凝土达到强度后,即可编号转运,存放。在梁台座支点上垫方木。多层存放时,支撑要保证在同一铅垂线上,以防止基础偏心受压产生不均匀受力。堆垛层数应根据构件、垫木或垫块的承载能力及堆垛的稳定性确定。

(4)运输宜选用专用车辆,车上应设有专用支架。装运时应连接牢固,防止移动形成倾倒;对构件边缘处与链索接触处应采用衬垫加以保护。

(5)吊装顺序:根据设计图纸依次进行吊装。

(6)板装式路基架设流程。

①施工实心墩柱精确定位(平面中心误差≤1.5 cm),并预留桩基顶部钢筋。

②在实心墩顶部安装临时钢抱箍和钢纵梁,起吊 A 板,调整相对位置,使桩顶预留钢筋准确插入 A 板预留孔,向孔内浇入自留平灌浆料。

③起吊中跨预制 B 板,将其置于相邻两片已经固结稳定的 A 板之间,吊放在钢纵梁上。调整预制板位置,确保起吊 B 板两侧与 A 板距离,为 D 板现浇预留空间。

④浇筑 B 板与相邻 A 板之间的 D 板。

⑤重复②~④步以完成相邻跨的预制 A 板、B 板的安装以及湿接缝的浇筑。

⑥起吊 C 板,将其置于桥墩盖梁和纵梁之上。

⑦起吊 C′板,将其置于钢纵梁之上。调整 C′板位置,为 D 板现浇预留空间。

⑧浇筑相邻板之间的 D 板。

⑨待湿接缝达到 90% 设计强度后拆除 C 板起吊纵梁。一联主体结构施工完毕后,完成附属设施安装及桥面铺装。如图 5.69 所示。

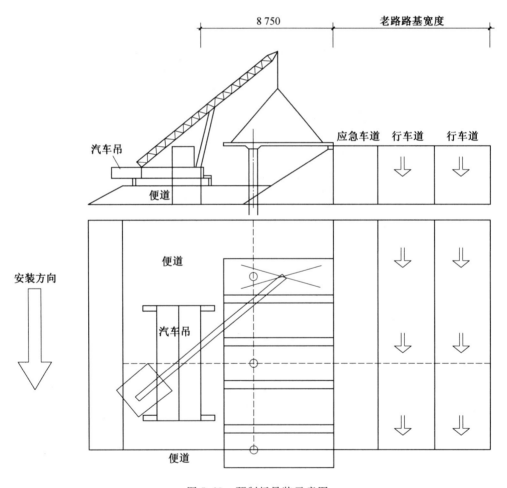

图 5.69 预制板吊装示意图

5.6.5 桩帽施工

1. 钢筋绑扎焊接

钢筋绑扎严格按照图纸要求的参数进行,包括间距、弯起角度、保护层厚度以及搭接方式及长度等。桩帽钢筋都可以在加工场中进行加工,加工完成后集中运输到现场直接安装。如图 5.70 所示。

图 5.70 桩帽安装过程

2. 模板施工

模板以定型钢模为主,以实测标高与位置进行放置,放置完成后将接缝密封,以免漏浆,并对与混凝土相接触的表面涂抹脱模剂。

3. 混凝土施工

桩帽作为现浇结构,使用 C35 混凝土,对混凝土进行振捣时,所用振捣棒不能和模板及钢筋发生碰撞,振捣结束标准与之前介绍的灌芯施工相同。将桩帽混凝土浇筑并振捣完成后,应加强养护,在混凝土达到初凝状态后,立即采用土工布进行覆盖,并进行洒水;在混凝土的实际强度不低于 2.5 MPa 时,开始拆模;拆除模板后,对外露的混凝土表面进行覆盖和洒水,一般需要连续养护 7 d。

5.6.6 预制板吊装安装

预制管桩验收合格后,桩顶进行测量放样,安装 3 cm 高弹改性聚合物矩形垫块。当预制桥面板混凝土达到强度后,即可编号转运,吊装时预制板平曲线及竖曲线由高精度的折线拟和而成;通过调整预制板间的夹角及湿接缝尺寸形成竖曲线,通过调整湿接缝两侧宽度形成平曲线,单跨的平(竖)曲线拟合误差通过湿接缝段补偿。严格控制预制板两个端面控制点高程。

预制桥面板顶底面均为水平预制(桥面无纵横坡度),管桩顶面也为水平结构(无纵横坡),桥面横坡以预制桥面中线为基准线,旋转2%形成横坡,管桩顶面与预制板间的坡度依靠垫块调整形成。如图5.71和图5.72所示。

图5.71 预制板吊装安装图

图5.72 预制板安装完毕

5.6.7 桩板连接

桩顶焊接U型钢筋,对桩顶板块预留直径为300 mm的孔,并在桩顶与板之间焊接垫片底钢板,放置改性聚合物垫片;通过梁板预留孔后浇灌浆料与预制板实现半固结。

5.6.8 现浇段浇筑

(1)开挖至垫层底面后须对旧路路床病害进行处理,如进行夯实和灌浆等,要求处理后的路床顶面综合回弹模量不小于80 MPa,路床顶面综合回弹模量应采用落锤式弯沉仪进行检测,如未达到指标要求,则应对路床及更深层的路堤继续进行处理,直至满足要求后,方可浇筑垫层混凝土,并不得以加大垫层混凝土厚度来代替路床处理。

(2)混凝土浇筑前,水泥稳定碎石、石灰土接触面涂抹沥青,接缝顶面用沥青灌缝,封层需覆盖接缝。

(3)混凝土顶部铺设2.9 m宽聚酯玻纤布,切割波形梁护栏至桩板梁顶板,没有桩板梁现浇段浇筑在一起,内部填充素混凝土,内侧第二排护栏立柱采用其他废弃立柱进行插打。

5.6.9 技术措施

(1)过程中应严格控制桩身的垂直度。宜采用全站仪进行垂直度控制,可在距桩机15～25 m处成90°方向设置全站仪各一台,测定导杆和桩身的垂直度。

(2)桩宜一次性连续沉至控制高程,沉桩过程中停歇时间不应过长。

(3)接桩时,焊缝应连续饱满,满足三级焊缝的要求;因施工误差等因素造成的上、下桩端头间隙应采用厚薄适当的楔形铁片填实焊牢。接桩时,上、下节桩的中心线偏差不得大于5 mm,节点弯曲矢高不得大于桩段的0.1%。

(4)沉桩过程中遇到较难穿透的土层时,接桩宜在桩尖穿过该土层后进行。

(5)预制板混凝土浇筑采用料斗多点布料、一次浇筑成型的方式。振捣采用高频振动平台的方式,以充分排除混凝土中的气泡,使混凝土密实,消除混凝土的蜂窝麻面等现象,保证混凝土构件的质量。

(6)预制桥面板混凝土达到强度后,即可编号转运、存放,在梁台座支点上垫方木。多层存放时,支撑要保证在同一铅垂线上,以防止基础偏心受压产生不均匀受力。堆垛层数应根据构件、垫木或垫块的承载能力及堆垛的稳定性确定。

(7)预制桥面板运输宜选用专用车辆,车上应设有专用支架。装运时应连接牢固,防止移动或倾倒;对构件边缘或与链索接触处应采用衬垫加以保护。

5.6.10 湿接缝(D板)施工要点

1. 无收缩混凝土技术

现浇湿接缝是将预制桥面板形成整体的关键性结构。为保证桥面板整体性并限制裂缝开展,设计要求采用无收缩混凝土,以达到桥面板无收缩裂缝的目的。

高性能无收缩混凝土中需掺入膨胀剂,目前较为合适的外加膨胀剂为MgO,利用MgO的长效延迟微膨胀性能,可有效对混凝土尤其是高强度混凝土的温度收缩及干燥收缩产生明显的抑制作用。同时,该混凝土中还加入了有机合成纤维,能够显著提高混凝土抗塑性开裂性能及抗干缩性能。

2. 永久钢底模技术

传统吊挂模板方法将模板设置于接缝混凝土区域下方,通常在预制板件上预留吊孔以便于模板吊拉安装。本项目要求采用在预制板下缘预留永久钢底模的方式进行现浇缝浇筑,该方式方便快捷,提高施工效率,且对预制板结构完整性不构成影响。如图5.73所示。

图5.73 湿接缝施工

具体施工方式为:桥面板预制时在下缘设置预埋钢板,预埋钢板通过锚筋与桥面板混凝土形成整体结构,伸出桥面板10 cm,然后再铺设钢板底模,预埋钢板与钢板底模之间可采用快干型钢板粘贴胶进行黏合,防止漏浆。在湿接缝混凝土浇筑完成后,底模无须拆除。所有钢板都应做防锈处理,为防止后期钢板的脱落,可在钢板底模上设置U型钢筋与湿接缝混凝土连接。

5.7 本章小结

(1)本章对现已应用的桩板式结构进行了较为细致的分类。根据目前国内设计经验,系统地阐述了桩板式结构的设计方法,以及桩板式结构各构件在设计过程中的主要流程。提出了在改扩建窄幅拼接过程中,各构件采用预制拼装施工所需要考虑的控制因素。明确了连接刚度是承载板与桩柱之间合理连接方式选取的重要因素。

(2)建立了三维数值模型,分析了窄幅拼接下桩板式路基最不利受力位置,基于此,进行了桩板式路基受力特性分析,分析了不同承载板厚度、不同桩间距下桩板式路基力学性能,并采用正交试验,对桩板式路基参数进行了优化。

(3)对窄幅拼接桩板式路基施工原材料要求进行了概述,明确了构件制作的要求和尺寸误差范围,并对现场施工技术要求进行了总结。

参 考 文 献

[1] 叶朕.高速公路临时使用路肩优化研究[D].北京:清华大学,2016.

[2] ARON M, COHEN S, SEIDOWSKY R. Two French hard-shoulder running operations: some comments on effectiveness and safety[C]. Madeira Island: IEEE, 2010.

[3] 中华人民共和国交通运输部.公路工程技术标准:JTG B01—2014[S].北京:人民交通出版社,2015.

[4] 孙大志.基于速度和谐和动态路肩使用的高峰期城市道路交通动态管理策略的研究[J].前沿动态,2010(4):1-5.

[5] 曾志刚.高速公路硬路肩的功能与宽度值研究[D].西安:长安大学,2013.

[6] 钟连德,侯德藻,武珂缦.高速公路左侧路肩设置必要性研究[J].公路,2011,56(2):106-110.

[7] 何智勇,李蔚萍,李细伟.8车道以上高速公路左侧硬路肩设置论证[J].公路交通科技:应用技术版,2011(7):297-299.

[8] 贾致荣.合理设计硬路肩[J].淄博学院学报报(自然科学与工程版),2000(3):93-96.

[9] 熊文磊,马天奕,李卓智.高速公路改扩建左侧硬路肩设置影响因素探讨[J].中外公路,2021,41(1):310-313.

[10] GEISTEFELDT J. Operational experience with temporary hard shoulder running in Germany[J]. Transportation Research Record: Journal of the Transportation Research Board, 2012, 2278(2278): 67-73.

[11] 中华人民共和国交通运输部.公路沥青路面设计规范:JTG D50—2017[S].北京:人民交通出版社,2017.

[12] 张虢宁,党海龙,康星亮.论多车道高速公路路基左侧硬路肩设置的必要性[J].公路与汽运,2020(2):52-55.

[13] 杨国良,钟雯,黄晓韵,等.利用BP人工神经网络反算沥青路面基层弹性模量研究[J].路基工程,2016(4):78-81.

[14] 中华人民共和国交通运输部.公路路基路面现场测试规程:JTG 3450—2019[S].北京:人民交通出版社,2019.

[15] 徐希忠.全厚式高模量沥青路面结构与材料设计研究[D].重庆:重庆交通大学,2020.

[16] 肖川,邱延峻,黄兵.基于车辆加载试验的沥青路面动力响应分析[J].公路交通科技,2014,31(12):12-19.

[17] 祖敏,鲁海军,武贤慧.互通单车道设置左或右侧硬路肩功用量化分析[J].中外公路,2019,39(5):281-284.

[18] 汪海涛.浅析多车道高速公路左侧硬路肩的设置[J].北方交通,2013(5):19-21.

[19] 中华人民共和国交通部.公路工程集料试验规程:JTG E42—2005[S].北京:人民交通出版社,2005.

[20] 中华人民共和国交通部.公路沥青路面施工技术规范:JTG F40—2004[S].北京:人民交通出版社,2005.

[21] 孙立军.铺面工程学[M].2版.上海:同济大学出版社,2019.

[22] KWON W, CHOI J, KIM S, et al. Safety analysis of hard shoulder running with Empirical Bayes method and time-to-collision[C]. The 11th International Conference of Eastern Asia Society for Transportation Studies. Cebu: EASTS, 2015.

[23] EN 12697-26. Bituminous mixtures-test methods for hot mix asphalt-Part 26: stiffness. European Committee for Standardisation, 2008.

[24] EN 12697-24. Bituminous mixtures-test methods for hot mix asphalt-Part 24: resistance to fatigue. European Committee for Standardisation, 2003.

[25] 黄晓明,汪双杰.现代沥青路面结构分析理论与实践[M].北京:科学出版社,2013.

[26] 郭忠印,马士杰等.高速公路典型路面结构路用性能和寿命周期费用研究[R].济南,2015.

[27] 中华人民共和国交通运输部.公路工程沥青及沥青混合料试验规程:JTG E20—2011[S].北京:人民交通出版社,2011.

[28] 曹新玲.高速公路加宽改扩建关键技术研究[D].广州:华南理工大学,2012.

[29] 曾胜,王光明,张起森,等.基于FWD荷载分布系数直解路面结构层模量[J].公路交通科技,2003,2(4):6-9.

[30] 查旭东,王秉纲.基于同伦方法的路面模量反算研究[J].中国公路学报,2003,16(1):1-5.

[31] 姬亦工,王复明,郭忠印.基于落锤式弯沉仪(FWD)动态数据的路面模量反演方法[J].土木工程学报,2002,35(3):31-36.

[32] 李鹏.实测弯沉盆反演路面结构层模量的研究[D].青岛:山东科技大学,2007.

[33] 王阁.应用落锤式弯沉仪(FWD)进行模量反算的误差分析[J].东北公路,2003,26(4):62-63.

[34] 顾湘生.客运专线路基工程几个问题的讨论[J].铁道工程学报,2005(1):31-38.

[35] 张龙.高速铁路非埋式桩板路基结构变形机理及承载特性研究[D].兰州:兰州交通大学,2014.

参 考 文 献

[36] 丁兆锋. 郑西客运专线湿陷性黄土路基桩板结构分析与优化设计[D]. 成都：西南交通大学，2007.

[37] SONG Y S，KIM T H. Estimation of the effect of lateral flow on piled bridge abutments in soft-ground considering piled slabs as a countermeasure of the abutments[J]. Marine Georesources and Geotechnology，2009，27(1)：34-52.

[38] 柯文豪，雷宇，王鹏翔. 改扩建工程拼接路面受力分析及拼接方式[J]. 公路，2011，56(10)：23-28.

[39] 龚小平. 曲线地段桩板结构与路基土体相互作用研究[D]. 北京：北京交通大学，2011.

[40] 苏谦，王武斌，白皓，等. 非埋式桩板结构路基承载机制[J]. 交通运输工程学报，2012，12(1)：19-24.

[41] 中华人民共和国交通运输部. 公路软土地基路堤设计与施工技术细则：JTG/T D31-02—2013[S]. 北京：人民交通出版社，2013.

[42] 中华人民共和国交通运输部. 公路路基设计规范：JTG D30—2015[S]. 北京：人民交通出版社，2015.

[43] ACHARYA R，BHEEMASETTI T V，RUTTANAPORAMAKUL P，et al. Numerical modeling of a highway embankment using geofoam material as partial fill replacement[C]//Geo-Congress. 2014：2986-2995.

[44] FURUKAWA Y，KAWAMATA S. Utilization of volcanic cohesive soil to foamed mixture light-weight soil[J]. Journal of Bacteriology，2013，69(4)：480-490.

[45] 吴跃东，丁磊，陆钊，等. 轻质土在处置公路路堤沉降中的应用[J]. 低温建筑技术，2014，36(10)：101-103.

[46] 杨春风，庄灿，李洪亮，等. 泡沫轻质土用于软基路基拓宽时应力应变分析[J]. 广西大学学报(自然科学版)，2016，41(1)：234-245.

[47] 郑烨，陈振华，张开伟，等. 不同填料下钱塘江古海塘塘背土压力现场试验研究[J]. 岩土力学，2014，35(6)：1623-1628.

[48] 赵全胜，苏国柱，张春会. 气泡混合轻质土控制软土路堤桥头沉降试验[J]. 辽宁工程技术大学学报(自然科学版)，2010，29(2)：260-262.

[49] 牛昂懿. 泡沫轻质土用于软基土高速公路扩建工程的受力与变形特性分析[D]. 天津：河北工业大学，2014.

[50] 赵运会，刘华强，樊晓一，等. 三轴压缩条件下气泡轻质土应力应变特性及破坏机制研究[J]. 路基工程，2016(4)：74-77.

[51] 高英力，肖敏强，关宏信. 气泡混合轻质土及其在公路工程中的应用研究进展[J]. 硅酸盐通报，2016，35(8)：2432-2438.

[52] 中华人民共和国住房和城乡建设部. 气泡混合轻质土填筑工程技术规程：CJJ/T 177—2012[S]. 北京：中国建筑工业出版社，2012.

[53] 尹利华. 深厚软土地基泡沫轻质土路基应用关键技术研究[R]. 广东：中交第一公路勘察设计研究院有限公司, 2016.

[54] 刘全生, 闫利峰, 陈忠平, 等. 采用泡沫轻质土处治桥头跳车技术研究[J]. 天津建设科技, 2012, 22(4): 58-59.

[55] 陈希哲. 土力学地基基础[M]. 4版. 北京：清华大学出版社, 2004.

[56] 谢和平, 陈忠辉. 岩石力学[M]. 北京：科学出版社, 2004.

[57] 邹淑国. 高速公路低路堤方案适用性研究[D]. 上海：同济大学, 2008.

[58] 张江洪, 王书伏, 丁小军. 平原区高速公路合理降低路堤填筑高度方案的探讨[J]. 公路, 2005, 50(1): 71-73.

[59] 柴振超. 高速公路改扩建工程软土地基处治技术研究[D]. 广州：华南理工大学, 2009.

[60] 钱鸿缙. 湿陷性黄土地基[M]. 北京：中国建筑工业出版社, 1985.

[61] 林宗元. 岩土工程治理手册[M]. 北京：中国建筑工业出版社, 2005.

[62] 张里中, 张媛媛. 土工格栅在软土地基处理中的应用[J]. 公路, 2009, 54(8): 91-94.

[63] 邢启军. 浅谈工后容许不均匀沉降指标及其在高等级公路的研究[J]. 黑龙江交通科技, 2003, 26(3): 53-55.

[64] 张镇. 高速公路填挖结合部处治技术研究[D]. 西安：长安大学, 2006.

[65] 凌建明, 钱劲松, 黄琴龙, 等. 路基拓宽工程处治技术及其效果[J]. 同济大学报, 2007, 35(1): 45-49.

[66] 蒙庆辉, 夏银飞, 夏元友. 土工格栅对复合地基桩土应力比的影响[J]. 土工基础, 2004, 18(6): 52-54.

[67] 廖荣辉. 路基差异沉降引起的路表附加应力分析[J]. 广西交通科技, 2003, 28(6): 69-70.

[68] 邓卫东, 张兴强, 陈波, 等. 路基不均匀沉降对沥青路面受力变形影响的有限元分析[J]. 中国公路学报, 2004, 17(1): 12-15.

[69] 韩利. 高速公路软土地基处理分类及其方法综述[J]. 公路工程, 2007, 32(5): 10-14.

[70] 沈珠江. 软土工程特性和软土地基设计[J]. 岩土工程学报, 1998, 20(1): 100-111.

[71] 龚晓南. 地基处理手册[M]. 北京：中国建筑工业出版社, 2008.

[72] 吉文志. 塑料排水板法及其在沈大路改扩建工程软基处理中的应用[D]. 大连：大连理工大学, 2003.

[73] 郭志边. 软土地区高速公路拼接段路基的设计及沉降规律分析[D]. 南京：河海大学, 1999.